高等学校创业教育系列教材

创业虚拟仿真实验教程

主　编◎陈逢文

副主编◎李　洋　杨　建

清華大学出版社

北京

内 容 简 介

本书以创业活动发生的过程为脉络，旨在通过虚拟仿真实验复现创业活动中重要的过程，并在实验中阐述创业的基本知识，培养学生的基本创业思维与技能。本书共 8 章：第 1 章概括了创业的基础理论；第 2 章简要介绍了严肃游戏相关理论以及虚拟仿真实验；第 3 章介绍了客户旅程虚拟仿真实验，帮助学生更好地识别创业机会；第 4 章介绍了用户画像虚拟仿真实验，帮助学生更好地学习如何明确目标市场；第 5 章介绍了资源拼凑虚拟仿真实验，帮助学生学会更好地利用现有资源；第 6 章介绍了产品设计虚拟仿真实验，帮助学生更好地明确客户需求；第 7 章介绍了沙漠掘金虚拟仿真实验，帮助学生更好地在创业过程中进行决策；第 8 章介绍了商业计划书的设计思路及其对于创业的重要性。

本书既可作为普通高等院校创业管理理论课程的配套实验教材，也可作为创业人士的参考用书。

图书在版编目（CIP）数据

创业虚拟仿真实验教程 / 陈逢文主编. —北京：清华大学出版社，2023.7
高等学校创业教育系列教材
ISBN 978-7-302-64296-1

Ⅰ．①创…　Ⅱ．①陈…　Ⅲ．①企业经营管理—仿真系统—高等学校—教材　Ⅳ．①F272.3

中国国家版本馆 CIP 数据核字（2023）第 131566 号

责任编辑： 杜春杰
封面设计： 刘　超
版式设计： 文森时代
责任校对： 马军令
责任印制： 刘海龙

出版发行： 清华大学出版社
　　　　　网　　　址：http://www.tup.com.cn，http://www.wqbook.com
　　　　　地　　　址：北京清华大学学研大厦 A 座　　　　邮　　编：100084
　　　　　社 总 机：010-83470000　　　　　　　　　　邮　　购：010-62786544
　　　　　投稿与读者服务：010-62776969，c-service@tup.tsinghua.edu.cn
　　　　　质量反馈：010-62772015，zhiliang@tup.tsinghua.edu.cn
印 装 者： 大厂回族自治县彩虹印刷有限公司
经　　销： 全国新华书店
开　　本： 185mm×260mm　　　　**印　　张：** 9.25　　　　**字　　数：** 211 千字
版　　次： 2023 年 8 月第 1 版　　　　　　　　　　**印　　次：** 2023 年 8 月第 1 次印刷
定　　价： 49.00 元

产品编号：099907-01

前　言

——在虚拟仿真实验中学习创业

习近平总书记指出："创新是社会进步的灵魂，创业是推动经济社会发展、改善民生的重要途径"。他在二十大报告中强调："必须坚持科技是第一生产力、人才是第一资源、创新是第一动力，深入实施科教兴国战略、人才强国战略、创新驱动发展战略，开辟发展新领域新赛道，不断塑造发展新动能新优势。"激发全社会创新创业活力，对于稳定和扩大就业、促进共同富裕，释放全社会创新潜能、推动新产业、新技术、新业态、新模式蓬勃发展等都具有重要意义。创业作为创新的重要载体，是将新事物（如新产品、新市场、新方法等）进行商业化应用并转化为生产力的过程。目前，我国正进行着社会变革和经济转型，在此背景之下，创业者受到了前所未有的重视。高校作为人才培育的大本营，有责任为国家和社会培养更多更好的创业者，同时也为本身拥有创业需求的学生提供理论和实践结合的机会，引导他们释放自身潜力并取得成功。

创业本身在现实中是难以标准化的经济活动，这就导致创业管理一定是一项高度面向实践的学科，但目前传统的课堂教学方式难以适应创业教学的现实。因此，如果不在教学内容、课堂形式以及教学方法上尝试做一些突破，就很难满足创业教学的实际需求。于是我们尝试开发一套面向创业教学的实验系统，并撰写本书作为配套使用教材，以探索课堂理论学习之外更加切合现实情景的教学形式。

1. 编写体例

为了更好地还原现实世界里创业活动的内在逻辑与过程，本书在编写过程中强调通过虚拟仿真实验还原现实中的创业情景，揭示各个创业环节所关注的问题、内容以及所需要掌握的知识点，目的是为高校从事创业管理教学的教师以及正在进行创业管理学习的学生提供理论性课程之外的配套实验课程，以期在教与学的过程中增加趣味性，帮助学生更牢固地掌握创业基本知识框架，培养学生在现实中的创业实践能力。

本书每个章节的内容以及每个实验之间都遵循以下逻辑展开。

1）创业管理以及虚拟仿真实验的学科背景及技术条件

创业活动是一种依赖于社会经济系统的活动。由于社会经济活动属于典型的复杂系统，有非常多的变量与参数，相互作用复杂，要通过简单分析和推导进行规律分析是很难做到的。因此，为了研究和分析，往往会通过对相关场景进行抽象建模，运用计算机技术进行仿真还原。在新的技术时代条件下，虚拟仿真实验相比其他模式，在特定的场景下能带给学生更好的学习体验和效果，同时作为理论教学的有益补充，是一种用于解决在理论课和社会实践中难以解决的高成本、长周期和不可逆问题的有效方式。因此从 2017 年开始，在建设一流课程中，虚拟仿真课程作为一个类别与其他四个类别的课程并列形成了五大金课体系。

2）依照创业活动的不同过程编排创业虚拟仿真实验

本实验教程以各高校广泛使用的张玉利老师主编的《创业管理》为基础，选择部分章节内容配套虚拟仿真实验，做到以实补虚，帮助学生提高学习效果。书中详细阐述的客户旅程、用户画像、资源拼凑、产品设计、沙漠掘金等实验，不仅有相应配套的实验系统，还有相应的知识点总结，可以为教师讲授创业管理知识提供全新的教学形式、教学内容以及教学方法，在原有理论课学习的基础上进一步拓展创业学习的实践性。

3）本书中所提及的创业虚拟仿真实验能够为用户提供的价值

创业活动在不同阶段要面临不同的问题，采取不同的行动。创业企业的生命周期可以被粗略地分为种子期、创业期、成长期与成熟期。企业在不同时期有不同的任务。在种子期，创业有了初步的动机，需要对商业模式以及商机进行详细谋划。客户旅程实验作为发现商机的章节实验，主要训练学生发掘、分析商机。在创业期，创业企业需要在有初步的商业模式和产品的情况下进行验证。通过用户画像分析用户需求，指导营销和产品设计，通过产品设计拿出原始产品/服务的原型进行验证。在成长期和成熟期，学生应用资源拼凑，在资源有限的情况下满足经营资源需求。持续分析用户画像、感知用户需求变化，并继续应用产品设计方法持续优化产品与服务，应用客户旅程分析优化客户体验。在成长和经营过程中，通过沙漠掘金实验理解目标、计划、资源和风险管理，实现决策的科学性。

2. 内容框架

本书以创业活动发生的过程为脉络，尝试通过虚拟仿真实验复现创业活动的重要过程，让学生在实验中掌握创业的基本知识，并培养学生的基本创业思维与技能。由此，本书分为 8 个章节。

第 1 章主要概括了创业的基础理论。这一章对创业的概念性理解做了简要回顾，主要帮助学生了解创业的时代背景，文中阐述了与创业思维、创业能力相关的基本认知。虽然创业在现实世界中面临着高度资源约束和环境不确定性，但仍然有一些重要环节可以掌握。学生应当在不同的创业过程中学习前人总结的优质知识和经验。

第 2 章简要介绍了严肃游戏相关理论以及虚拟仿真实验。严肃游戏目前已经取得长足的发展，并且能够在教育中通过游戏化的方式帮助学生更好地掌握知识。虚拟仿真实验正是来源于严肃游戏理论。本书就是在已有的虚拟仿真实验技术条件上，开发了一套创业虚拟仿真实验系统，根据现有的创业理论及实践案例设计背后的游戏场景及规则。

第 3 章介绍了客户旅程虚拟仿真实验,帮助学生更好地识别创业机会。商业机会很多时候是在对已有的消费过程和用户体验进行分析的过程中发现的。本实验围绕这一主题,应用客户旅程分析结合场景化案例,可让学生更深刻地领会消费过程、消费体验和客户需求。

第 4 章介绍了用户画像虚拟仿真实验,帮助学生更好地学习如何明确目标市场、如何描绘用户群体,对产品和服务的设计、营销有着重要的指导意义。通过数据分析划分用户群体并描述期望和需求进而辅助企业决策,是数字时代的重要能力。

第 5 章介绍了资源拼凑虚拟仿真实验,帮助学生学会更好地利用现有资源。创业企业往往资源有限,可通过分析、识别有限的资源,采用资源拼凑的方式,达到资源不求所有、但求所用的效果,让企业迅速壮大。学生可以领悟到在合适的时间和企业状态下企业所采取的不同策略。

第 6 章介绍了产品设计虚拟仿真实验,帮助学生更好地明确客户需求。产品与服务是企业向客户提供价值的载体,产品和服务的好坏对创业具有决定性影响。本实验中,学生将学习基于掌握的数据和客户需求按照一定的方法论设计产品,并在产品生命周期内为企业创造最大价值。

第 7 章介绍了沙漠掘金虚拟仿真实验,帮助学生更好地在创业过程中进行决策。企业经营决策涉及目标、资源和风险。正确的决策往往需要整体谋划。沙漠掘金实验让学生从整体上理解目标、计划及其与资源的匹配,理解风险的管控,以及经营决策的基本分析思路。

第 8 章介绍了商业计划书的设计思路及其对于创业的重要性。

3. 参编人员与致谢

本书的虚拟仿真实验设计及文字撰写工作主要由杨建、李洋、洪丛华、廖鉴伟和笔者共同完成。笔者负责整体材料的知识点的设计和写作;杨建老师为本书涉及的所有虚拟仿真实验开发了相应的游戏系统,该游戏系统可以供采纳本书的教师和学生登录使用;李洋老师参与了第 4 章和第 7 章游戏实验的设计;洪丛华负责第 1 章创业基础理论的撰写;廖鉴伟负责第 2 章虚拟仿真实验介绍的撰写;林佳音在本书的校对工作中提出了细致而全面的修改建议。笔者参与初期图书内容框架的设计以及最后对各位作者内容的修改、校阅。

本书的完成得益于团队成员的共同努力。众多学者的研究成果和创业者的实践经验为本书提供了许多良好的素材,我们在此基础上完成了所有虚拟仿真实验的设计。除上述编写者之外,杨建老师的团队成员在前期的游戏设计过程中对于系统代码的编写、游戏文档的输出做出了重要贡献。同时,清华大学出版社的编辑在本书出版过程中提供了大力支持和帮助。在此,我们一并表达感谢!

陈逢文

2023 年 3 月

目　　录

第 1 章

创业的基础理论

时代呼唤真正的创业者，每一位创业者都需要经过千锤百炼，接受实践的检验。而对于高校学生而言，如果踏上创业的道路，则需要先吸取前人总结的经验。本章简要回顾创业的基础理论，为后续虚拟仿真实验章节提供知识性准备。

1.1 创业的时代背景

2010 年之后，中国经济面临转型的压力，迫切需要产业结构升级及新旧动能转换，推动经济高质量发展。2014 年 9 月，李克强总理在达沃斯论坛提出"大众创业、万众创新"的"双创"战略，在中国 960 万平方千米的土地上掀起了大众创业的浪潮，形成了万众创新的新态势。中央政府提出双创战略意在推动创新创业高质量发展，有益于推动经济结构的调整，打造新的经济内生动力，同时也对我国迈入自主研发的道路具有重要意义。近年来，中央政府工作报告中屡次出现"创新""创业"的关键词，表达了中央对于创新创业的高度重视。当前，我国经济已由高速增长阶段转向高质量发展阶段，对推动"大众创业、万众创新"提出了更新、更高的要求。大学生作为青年生力军，是我国创新创业力量的重要组成部分。高校教育承担着大学生创新创业思维形成和能力培养的任务，因此应当在创新创业实践课程中加大对大学生的实践引导。这种将学生置于实践环境下的培养模式，大大有别于传统的教学方式，将更有益于对学生双创能力的培养。

数字经济时代，一批创业者投身商海。他们怀揣梦想，拒绝过更安稳的生活。他们是一群很"精"的人。长期在商场中拼搏，必须精于发现商机和用户需求，精于算计从而迭代商业模式，精于学习，也要精于竞争。在创业的赛道中，不进则退。他们也是一群苦行僧。理想和初心犹如芒刺在身，不得懈怠。在漫长的创业岁月里，不仅要忍受痛苦、孤独，还要无数次地面临险境、自我质疑。

现在，随着创新作为经济的动能引擎，社会比以往任何时候都更需要创业者，需要勇于创新、吃苦耐劳的企业家。中国正处于一个新时代的路口、一股全面数字化的浪潮中，面对复杂的国际关系和宏观经济环境，我们比以往任何时候都更需要创新的驱动。回顾人类历史，那些具有创业精神的企业家们谱写了现代社会的辉煌，推动经济发展的车轮滚滚向前；那些为创新者创造了良好环境的社会，都获得了伟大的进步，正如中国经济过去数十年所取得的巨大成就。

1.2 创业的基本认知

创业活动的活跃使创业的类型也日趋多样化。作为初创者，对于创业的类型应当拥有基本的认知。概括而言，可以从谁在创业、以什么方式创业、创业效果如何这 3 个问题展开，大致将创业活动归为图 1-1 所示的基本类型，不同类型之间还可以互相组合。

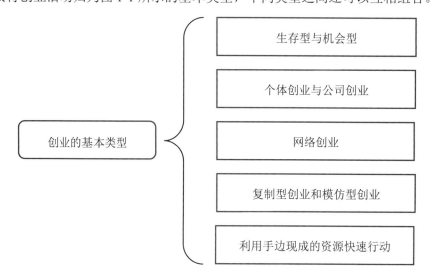

图 1-1　创业的基本类型

对于大学生而言，需要从创业思维以及创业能力两个方面培养自己的创业综合素质（见图 1-2）。首先，当创业者面对高度不确定性的环境时，很难构建一条明确的、清晰的道路达成目标，唯一的举措就是先开展行动，并且在行动的过程中不断修正自己的行为。在创业这个特殊情景下，有 6 条基本的创业思维是必需的，也是可以培养的。第一，由于创业很多时候面临的资源约束、环境不确定性情况十分明显，很难等到所有条件都具备再开展行动，所以要先利用手头资源快速行动。第二，在创业的过程中，行动与否的依据应当是可承受的损失，而不是预期的收益。首先应当明确自己客观上可以承受的损失以及主观上愿意承受的损失，做好最坏的打算，仍然可以承受的话，再投入资源并采取行动。第三，由于创业的路径很多时候不明朗，因此需要小步快走、多次尝试。迈大步的行动在小概率的情况下可以一步成功，但多数情况需要通过非常审慎的小步行动多次试错，在熟悉、试探的过程中慢慢提高成功预测事物的概率。第四，在行动中不断吸引更多的人加入。创业初期，团队往往是不完善的，随着业务的拓展，利益相关者网络不断扩大，这时应当根据业务的实际需要不断吸引新的专业人才加入团队，并且在利益相关者网络中拓展自己的联盟。第五，把行动中的意外事件看作好事。创业过程中遭遇失败的情况十有八九，但很多时候行动中的意外可能带来意想不到的结果，前提是你对这个意外采取正确的态度。第六，创业过程中总会遭遇挫折，许多时候你并不知道自己要失败多少次才能成功。这个时候就需要有一个强大的动力去支撑自己，例如激情。激情和我们追求成功时的心态有关，也就是实际执行各种想法时的心态。一个人对创业想法的激情可能是衡量这个想法潜力的最佳标准，它让我们了解一个人有多大意愿为了成功而坚持到底。上述 6 条创业思维有助于创业活动在实践中的开展，需要在实践中反复体悟与训练。

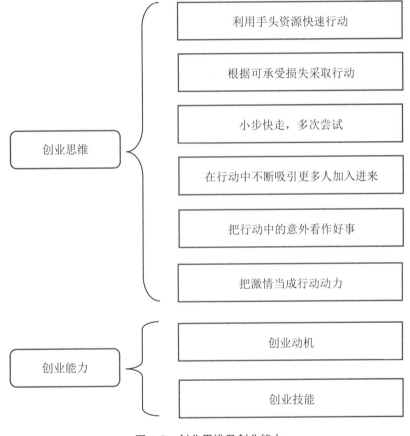

图 1-2　创业思维及创业能力

创业能力可划分为创业动机和创业技能两个方面。前者指出人们为什么要创办企业以及他们与非创业者之间有什么不同，后者则是控制内心冲突的能力、发现因果关系的能力、应变能力、洞察力、应用数据治理的能力等多种能力的集合，两者共同构成了创业能力。

1.3　创业的重要环节及方法

　　创业是较为复杂的经济活动，涉及许多重要的环节，本书中设计的虚拟仿真实验是基于创业重要环节所提出的针对性的训练方案。因此，需要先认识创业的重要环节，了解这些环节中创业者应当具备的能力与达成目的的方法（见图1-3）。

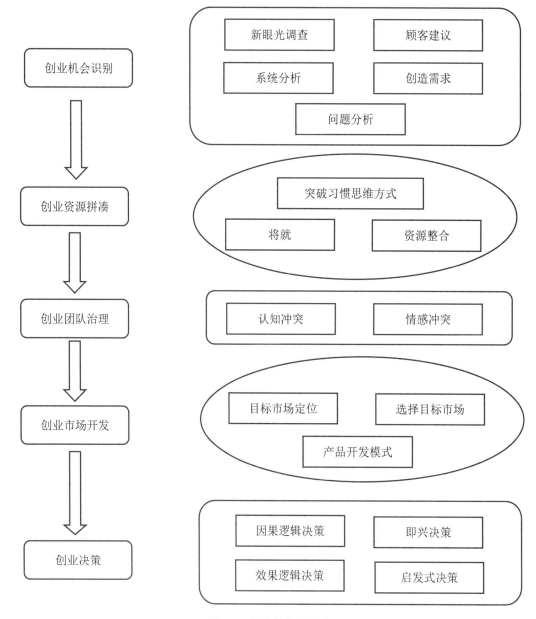

图 1-3　创业的行动要素

1. 创业机会识别

创业作为一种经济活动，最为重要的环节之一就是创业机会识别。创业者不同于他人的一个特质就在于能够有效地识别潜在的创业机会。通常而言，创业机会识别的成功率除了跟创业者的个人经历、能力和际遇有关，还能通过一定的方法提高。例如新眼光调查，通过大量信息的输入，建立自己的直觉，发现看问题的新角度和新方法；也可以通过对企业所处的宏观环境、微观环境等各个方面的系统分析，借助市场调研等手段在变化的环境中发现机会。人工智能时代，许多学者提出价值共创的概念，其中有一个观点就认为来自顾客的建议或者想法可以有效地帮助创业者识别需求、发现机会。当然，有一部分市场领导者能够自己创造需求，当年乔布斯发布 iPhone 手机系列取得划时代的成就就是创造需求的典型例子。这些创业者通过技术发明的手段，积极探索新技术的商业价值，有时甚至超越市场的期待。

2. 创业资源拼凑

创业的一个典型的特征就是面临强烈的资源约束。在受到资源限制的情况下，创业者往往需要采用拼凑策略，通过整合手头的资源去应对新的问题或者开发新的机会。这就需要创业者突破习惯的思维方式，善于发现事物和现象之间的矛盾点以及可优化之处，也更善于解放自己的思想，突破常规观念。当然，在许多时候也必须学会将就。将就要求创业者在并不十分完美的情形下积极行动，并随着事情的进展不断改进。此外，不同企业往往具有不同的资源禀赋，任何一家企业都很难在所有领域拥有绝对的资源优势。为了获得更好的发展，许多新创企业需要通过合作的方式实现"1+1>2"的效果。

3. 创业团队治理

对于新创企业而言，创业团队是最为核心的资源之一。但由于企业处于创建初期，团队成员之间发生冲突难以避免。主体之间的矛盾激化和行为对抗会导致整个团队的绩效恶化。目前，学者认为在创业团队治理过程中，最需要处理两个问题：一个是认知冲突，一个是情感冲突。认知冲突是指团队成员观点和看法的不一致性。一般而言，创业团队认知冲突一定是存在的，但需要将认知冲突控制在适度范围，才能对组织绩效的提升具有一定的促进作用。然而，情感冲突会激起团队成员之间的个人仇恨，多数情况下并不利于业务的开展。员工之间的冷漠、敌对、嘲讽会极大降低团队之间的信任度以及合作的有效性，进而影响组织绩效。

4. 创业市场开发

创业是解决用户需求的过程，而正确地认知市场需求与创业的成功息息相关。因此创业时的市场开发是十分重要的环节。市场开发要求创业团队首先明确目标市场，继而采用合理的产品开发模式并通过适当的营销策略完成市场开发。

5. 创业决策

有一种观点认为管理的本质就是决策。创业决策相对于其他管理决策而言面临着更加复杂的环境。在不同的内外部环境条件下，采取不同的决策方法可以有效提高决策的有效性。探索不同决策方式的使用情景对于认识创业决策具有重要意义。目前，在创业研究中对创业决策进行归纳提炼，形成了因果逻辑决策、效果逻辑决策、即兴决策、启发式决策等不同的决策逻辑或者方式。无论对于创业研究，还是对于创业者而言，创业决策都具有十分重要的学习意义。

第 2 章

虚拟仿真实验介绍

不同的虚拟仿真实验有各自的规则和内容，实验中蕴含的知识也有所不同，需要实验者在实验中学习和感悟，但虚拟仿真实验的基础知识是通用的，如虚拟仿真实验的来源、应用和要素构成等。在实验之前了解一些虚拟仿真实验的基础知识，有助于提升对仿真实验的理解和掌握，达到更好的学习效果。

2.1 严肃游戏及虚拟仿真的来源

2.1.1 严肃游戏介绍

如果一款电子游戏或桌面游戏拥有至少一个明确的现实模拟附加动机（如学习、医疗、政治等），则该游戏称为严肃游戏，这些附加动机称为特征目的。严肃游戏不是一种特殊的游戏类型，而是具备某种特殊目的和功能的电子游戏或桌面游戏，严肃游戏的特征目的是学习和获得技能（魏迎梅，2011）。

2.1.2 严肃游戏在教育中的作用

严肃游戏具有以下优点。① 严肃游戏让玩家产生情感共鸣，达到强化记忆和强化学习的目的。② 严肃游戏提供实时的学习与信息传播反馈，将即时的正向反馈作为对学生激励的手段。③ 严肃游戏模拟现实中难以实现的活动，可有效降低现实成本。目前，严肃游戏在教学领域中的应用分为两个方面：知识学习和技术培训。

在知识学习方面，严肃游戏通过生动的画面和具体的情节使玩家达到沉浸式的立体体验，区别于传统的通过阅读和被告知而获得知识（马一鸣等，2022）。严肃游戏有效加强了用户对该领域的直观感受和深刻理解，从而帮助用户更好地掌握知识。在国内，严肃游戏有许多案例，如《重走长征路》（见图 2-1），让玩家在一个虚拟世界中了解和学习长征历史。在游戏中，玩家通过不同的选项模拟不同剧情的发展，就如同置身于那个战火纷飞年代的红军战士一样，或许能够走完这段征程，或许会牺牲在路上，这不仅可以让玩家了解历史，还能提高玩家的决策能力，具有很强的教育意义。此外，类似的游戏还有《尼山萨满》、《万能的数学》、*Just Dance* 2018 等。严肃游戏在国外也有很多案例，如长期位于游戏排行榜前三的《文明》（见图 2-2），玩家需要在游戏中建立一个接受时间考验的帝国，游戏将经济制度、历史场景、军事外交等许多有机元素糅合在一起，成为严肃游戏中知识学习类的典范；*Quest Atlantis* 通过一个 3D 虚拟世界，让玩家更好地认识现实世界中生态系统的运作和关联；《虚拟手术》中逼真的虚拟人体和场景，让医科学生从多种交互反馈中收获更多诊断和操作经验等。

图 2-1　游戏《重走长征路》

图 2-2　游戏《文明》

在技术培训方面，技术培训在教育类严肃游戏中占据着主要地位，特别是专业（职业）技能培训。例如，糅合了人、经济、生存及政治等多项因素的《模拟城市》（见图 2-3）训练玩家的规划和决策能力，《虚拟领导》训练玩家的领导和统筹能力，《多克多比》启发儿童的智慧，《紧急事件指挥官》训练玩家的应急救灾能力，《橙色代码》训练医生应对大规模人员伤亡事件的能力，《销售员世界》对销售员进行培训等。此类严肃游戏的特点是将一些在现实中很难完成或者比较耗费精力的任务虚拟化，帮助受训者完成培训，而且由于有着明确的应用背景和预期收益，此类游戏的投入通常也比较大。

图 2-3　游戏《模拟城市》

严肃游戏目前在我国还是一个新兴的行业，有较大的发展前景，相信未来严肃游戏产业领域的潜力会被开发，焕发出勃勃生机（陆艳，2021）。

2.1.3　虚拟仿真来源于严肃游戏

基于严肃游戏具有模拟现实、强化记忆、无限实验、及时反馈等优点，严肃游戏被引入教学领域（魏迎梅，2011）。区别于严肃游戏，虚拟仿真不需要用游戏元素实现教学目的，它更侧重于让用户拥有一个安全、真切的环境模拟实践活动，具有沉浸性、交互性、构想性 3 个特性（高文曦，2022）。其中前两个特性是虚拟仿真的核心元素，用户通过虚拟环境获得立体式沉浸感，更好地融入实验，并通过人机交互活动得到即时反馈，提高学习兴趣。构想性则表达了虚拟仿真操作依靠的是个人的认知和思维创造。虚拟仿真的 3 个特性符合现代教育思想，有助于提升用户的学习兴趣，激发用户的学习动力，同时虚拟仿真还可以模拟现实中难以实现的环境，有效降低学习成本。例如，在"沙漠掘金"实验中模拟风云变幻的市场环境，可以提高用户的创业管理决策能力，逼真的环境、即时的交互和有趣的故事情节有助于充分激发用户的学习热情，达到寓教于乐的效果。此外，虚拟仿真无限实验的优点使学生的游戏参与过程成为一种具有探究性的学习过程，并可不断复盘重演，改进以前的不足，同时实验结果的自动评估也可以起到监督和激励作用，降低重复性学习容易引起的枯燥和厌烦情绪（张敏等，2022）。可见，将虚拟仿真技术手段应用于实验教学不但可以拓展实验教学内容的广度和深度、延伸实验教学时空，还可以开辟全员、全程、全方位育人实践通道，促进知识、能力和价值观的统一（李燕捷等，2022）。

2.2　创业虚拟仿真实验教学

由于传统课堂教学和评价模式的不足，OBE（outcome based education）教育理念开始兴起，最早出现在美国、澳大利亚等国家的基础教育改革中，于 20 世纪八九十年代开始逐渐流行。相比于传统教育强调"如何教"和"教什么"，OBE 教育以学生为中心的理念更符合现代教育理念。基于 OBE 的教学与传统教学的比较如表 2-1 所示。

表 2-1　基于 OBE 的教学与传统教学的比较

传 统 教 学	基 于 OBE 的 教 学
<ul><li>投入和过程（关注教学情况）</li><li>师资队伍、教学条件、经费投入、管理措施等</li></ul>	<ul><li>基于产出（关注学习情况）</li><li>对学生的培养目标和预期成果是否明确</li><li>预期的目标与要求是否达成</li></ul>
<ul><li>基于课程（由内容决定）</li><li>教学计划的核心是根据对于该学科的理解确定开设哪些课程</li><li>教学实施过程关注是否安排了每门课</li><li>教学评估是评价每门课的教学情况</li></ul>	<ul><li>基于产出（由需求决定）</li><li>教学的目的是使学生达到预期的学习目标</li><li>教学计划由教学目的支撑</li><li>上"好"课就是有效地完成相应的"支撑"任务</li><li>逐项评估学习目标是否完成</li></ul>

OBE 教育理念又被称为成果导向教育理念，该理念以学生为中心，采用逆向设计的方式，以预期的学习目标为导向组织实施各教学和评估流程，保证学生在完成教学任务后达到预期的学习成果，形成以"定义预期学习目标—教学实现学习目标—评估学习成果"三要素为主线的教育理念闭环，并强调人人都能成功、个性化评定、绩效责任、能力本位等多种教育理念。基于 OBE 的课程设计模型如图 2-4 所示。

目前，OBE 教育理念在我国已经成功地应用于教学课程中。例如，在 MOOC 课程"英语探索"设计中纳入了 OBE 教育理念，根据课程定位设计课程内容，再定义学习效果和学习成果评价，极大促进了教学的改进，从而提高了课程的质量。在"酿酒工业分析（含实验）"课程设计中纳入了 OBE 教育理念后，该课程的评价从"一门较为枯燥的课程"转变为"一门有趣生动的课程"；在日常考核过程中，同学们提交的日常作业体现出他们对于知识点的掌握程度以及思考的深度有了明显的提升，这也说明课程取得了很好的教学效果。

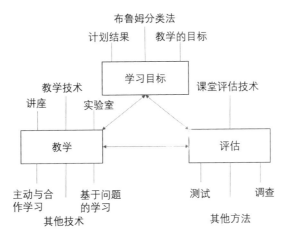

图 2-4 基于 OBE 的课程设计模型

许多案例表明了 OBE 教育理念应用于教学课程中的良好效果，本书将这一教育理念应用于创业虚拟仿真实验，构建从创新思维引导、创业能力培养和创业综合模拟等方向出发的多层次、立体化、开放式的"校内与校外相结合、课内与课外相结合、现实与虚拟相结合"的 OBE 实践教学体系（罗昊等，2022）。坚持以学生为主体，引导学生达成预期产出的创新创业教育模式，让学生在课程实验、课程设计等过程中获得创业知识，培养研究、设计、开发、沟通、合作、管理等各项综合素质能力，使学生具备完善的知识体系和技能。通过对学习过程的量化和反馈，持续不断地改进培养目标和要求，完善创新创业教育培养模式，最终培养出基于结果产出的、融入创新创业教育理念的成功学习者。

基于 OBE 课程体系设计，本书根据在每个实验完成之后应学习到的创业思维或者能力，在实验中通过操作说明、流程引导等指导学生完成实验目标。实验完成之后，学生可通过查看实验报告复盘实验开展的细节情况，形成"预期目标设置—完成实验目标—评估学习产出"的闭环学习，使学生更有效地达成目标中各项能力的指标。项目凸显了学生的教学主体地位，拓展了实践教学的深度和广度，提高了实践教学的效率和效果，其所涉及的能力提供、操作要点如表 2-2 所示。

表 2-2 本书项目能力提供及操作要点

项 目 名 称	能 力 提 供	操 作 要 点
客户旅程	学习基于客户消费过程的分析方法，改善客户消费全流程体验	应用客户旅程分析方法理解消费阶段，分析各阶段客户需求与痛点
资源拼凑	理解精益创业基本逻辑、理解资源基础理论与资源编排理论	分析企业资源，应用资源拼凑、步步为营等方法在企业经营各阶段进行策略性拼凑应用

项 目 名 称	能 力 提 供	操 作 要 点
用户画像、产品设计	掌握基于应用统计与大数据手段进行用户画像分析的方法，掌握基于STP市场细分、目标市场和市场定位理论进行一般产品设计开发流程	大数据聚类分析、购物篮关联分析，组合定价。用户画像分析，产品生命周期价值分析，目标客户分析方法，质量需求，功能映射方法，价值工程，测试与反馈
沙漠掘金	提升计划能力、管理能力、团队协作能力、群体决策能力等	掌握游戏规则，通过综合实验培养计划、组织、领导、决策能力

2.3 创业虚拟仿真实验介绍

2.3.1 虚拟仿真实验

虚拟仿真实验利用计算机技术模拟真实操作场景，学生通过虚拟仿真体验身临其境的感觉，从而使实验预习不受时间与空间的限制（高永强，何沂沛，2022）。在创新意识方面，虚拟仿真实验可以通过一些复杂的、抽象的、无法直接观察的实验现象和过程的虚拟演示，激发学生的创造兴趣，提升学生的创造情感。学生接触虚拟仿真后，无论对实验模拟还是实验操作都表现出极大的创新兴趣。教师通过修改虚拟仿真项目的参数或改变实验条件，完全模拟真实的实验并通过实验进行验证，而学生会对真实实验过程中的每一个环节进行思索并进行虚实实验比对。部分学生将这部分创作兴趣引入其他创新环节，从而激发出更多创作灵感。经管学科虚拟仿真实验教学的必要性和特殊性如图 2-5 所示。

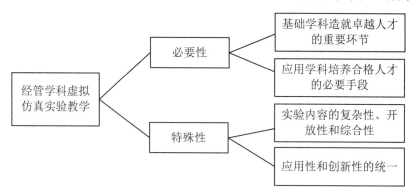

图 2-5 经管学科虚拟仿真实验教学的必要性和特殊性

1. 虚拟仿真实验的 4 个特性

（1）真实性。虚拟仿真实验所呈现的现象必须在实践中被真实观察到。

（2）融贯性。虚拟仿真实验派生或衍生出的知识点应该与理论知识相融合，达到在实验中提升对理论知识的理解的效果（亚春林，2022）。

（3）有效性。虚拟仿真实验过程应该有启发的效果，使实验者在实验过程中产生更多的思考，从而更好地理解现实事物，同时也为实验者继续探索提供更多的知识背景。

（4）简约性。实验设计和过程应该简明易懂，使实验者更专注地投入实验内容本身，而不是操作和过程，同时也应该便于实验者的互动交流，便于与其他课程混合使用。

2. 虚拟仿真实验的两个一致性

实验目的与评价的一致性：以实验目的为依据，通过一定的标准和手段，对实验活动过程、结果给予价值上的判断，即对实验过程和结果进行测量、分析、评定和指导。评价目的：诊断、激励、指导、干预。

核心要素的仿真与技术呈现形式的一致性：对于虚拟仿真实验的核心复杂问题，需要划分核心仿真要素，然后选择合适的仿真技术，组合协调形成整体方案，在方案呈现中体现核心要素。

3. 虚拟与现实：角色虚拟，行为真实

虚拟仿真实验具有亲和性，学生与虚拟仿真环境形成一种积极的情感关系。表现为：界面友好，能给学生提供便利；与沉浸式情景的互动简单易行，学生以角色扮演的形式参与实验过程，在过程中直接获得知识和经验，以完成知识、行动、决策的构建，构建形式如图 2-6 所示。

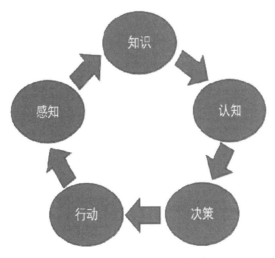

图 2-6　虚拟仿真知识构建

虚拟仿真技术能够为创新创业教育搭建良好的平台，有效整合各类实验教学所需资源，低成本、高精度地模拟现实场景，构建虚实结合、反馈及时、无限重复、高效便捷、高度

仿真的实验环境，营造有利于创新型人才培养的实验教学氛围，提供让学生自主学习、实验和创新实践的基础条件（贾文涛，李怡君，2022）。

4. 虚拟仿真实验对创新创业教育的影响和优势

1）虚拟仿真对创新创业教育的影响

首先是高自由度。教师和学生都可以利用虚拟仿真实验系统与设备进行创新创业教学和实验活动，设计实验方法，进行课题研究，高度自由地开展创新创业实践活动，在虚拟仿真技术的支撑下，学生的动手能力和创新精神进一步得到提升。在高度自由的环境下，学生完全可以按照自己的思路进行创新创业活动，解决教师在虚拟环境中设置的各种困难和问题。学生自主解决问题，能够进一步锻炼学生的思维能力和自主探究能力，为学生未来创新创业奠定基础。

其次是良好的交互性。相比于传统教学模式中学生被动地接受理论知识，虚拟仿真技术与创新创业教育的有效融合，能够让学生在虚拟现实实验室中与周围环境进行有效交互，同时能够获得实时反馈，这种反馈能够帮助学生加深对理论知识的理解，提升理论与实践结合能力，同时能够让学生忽略虚拟环境，得到现实般的环境体验。

最后是高仿真度。不同学生的能力也不尽相同，因此在创新创业教育和实践活动中应该针对学生的不同特点，为学生设定不同的参数和实验条件，最大限度地激发学生创新创业的主动性和积极性。特别是面对复杂的问题时，虚拟现实技术提供的高仿真度实验能够让学生的实践能力得到进一步锻炼和提升。

2）虚拟仿真与高校创新创业相结合的优势

虚拟技术与高校创新创业相结合能够有效降低创新创业教学成本，其模拟的创新创业环境和完整的交互情景，能够使理论与实践有效融合，使学生在虚拟仿真实验中培养创新创业思维和提升创新创业能力。当前，高校创新创业教育多采取传统教育模式，校企联合和社会实践成本又相对较高，在实践过程中很难产生良好效果。而虚拟现实技术的运用能够为学生创造非常真实的虚拟环境，在这一环境下，学生可以亲身体验创新创业活动，进一步提升创新创业实践成功率。由于创新创业教育在实践环节需要投入较大经费，很多院校受到经费限制，很难保证教学质量，而虚拟仿真技术很好地弥补了这一缺点。不仅如此，教师还可以通过教师端操作的实验管理，即时查看学生状态以及学生当前的实验环节，并以此对学生的能力进行评估，针对学生的不足进行教学，达到既节省经费，又具有针对性，进而提升学生能力的效果。其次，虚拟仿真技术不受空间的限制，当前部分高校创新创业教育多以课堂教学为主，教师与学生在固定课堂学习固定内容，学生更多的是学习理论知识，很难获得实践机会；在理论学习过程中，教师很少顾及学生个体的想法，更多的是教师课堂讲解，学生很少发问。学生缺乏参与感在一定程度上会影响学生学习的积极性，不利于高校的创新创业教育活动，而虚拟仿真技术可以让学生对相关理论进行实践验证。例如客户旅程实验，以古镇景点中的地摊商家为背景，在经营情况不好的前提下，让学生帮助父亲的地摊尽可能地增加收入，这样一来，学生可以作为主人公参与实验，进而提升发现创业机会的能力。这种教学方式与传统的说教方式相比，更能加深学生对知识的了解，同时实现人与教学环境的交互。

2.3.2　虚拟场景设计

在仿真实验设计中，需要给实验者提供必要的情景支持，让学生深入、准确地观察和领悟实践行为，更好地概括决策逻辑，再将这种决策逻辑与现实世界中复杂的因果关系相对照，借助已有的理论成果识别决策逻辑中的有效成分，这样才有可能生成有创新价值的实验成果（王济军，訾阳，2022）。设计实验环节需要的具象化不是刻意降低所依托理论的抽象性，而是在具象过程中保留真相的关键特征，将理论问题很好地具象化，充分解释实践，引领实践。总之，理论的具象，不能导致理论与实践脱节（高文曦，2022）。

实验场景呈现则要以核心要素为基础，选择适当的内容和形式，实验场景要符合教学目标，涉及运动关系的要符合客观规律。仿真模型建立和场景设计要点如下。

1.　实验内容选择和模型建立

考虑虚拟仿真技术的特点和教学方式需要，确定虚拟仿真的核心要素作为仿真模型的建设内容。建立仿真模型要从客观系统或者对象出发，选择合适的层面和角度，抓住本质特征，舍弃非本质特征或者次要因素，以数学形式或者其他逻辑形式定性或定量描述客观系统或者对象。建立仿真模型可以自主开发，也可以利用已有模型进行二次开发或者修改。

2.　仿真模型设计和技术实现

仿真模型设计是将已经建立的数学模型或者逻辑模型转变成可以使用计算机语言表示并实现控制和处理的仿真模型。仿真模型设计要在科学建模的基础上，考虑控制交互、过程和结果呈现等问题。仿真模型要在做好设计的基础上，利用合适的软硬件平台，开发建立具有一定情景、可直接使用的实验对象和环境。具体原则和注意事项如下。

（1）科学真实性。这是模型建立时就应遵循的原则，在模型设计和技术实现过程中要特别重视计算逻辑符合客观规律，参数或者数据库具有真实性，输入、输出和加工处理具有无歧义性。最终实现的实验对象和环境要反映客观对象的复杂性，体现项目建设的必要性，给实验者以真实感。

（2）推进推演性。空间结构和时间推演是复杂对象的必要属性，或者兼而有之，或者侧重一面。实验对象要体现逻辑推进推演过程，根据不同的实验行为做出相应的真实有效反应。

（3）开放可控性。逻辑推进推演过程要开放可控，允许实验者自由设置参数、变量及其他需要的操作，以控制实验过程，实现多路径实验。

（4）过程可溯性。逻辑推进推演过程要有关键记录，允许查看和复盘，以及相关的分析研究。

（5）健壮性和可靠性。系统要具有一定的健壮性和可靠性，对于规范以外的数据输入，要能够判断是否合乎规范或进行其他异常处理，保证稳定运行。

（6）趣味友好性。实验过程要发挥虚拟仿真技术的优势，有助于改进教学方式，有趣味，有吸引力；功能界面要友好。

（7）简易高效性。系统设计要提高运算效率，减少运算时间，优化逻辑，尽量减少内存和外部硬盘储存空间的占用。

3. 实验场景呈现及要求

实验场景呈现依据核心要素的不同分为实验对象场景和沉浸场景。实验对象场景是指反映实验对象运动过程和结果的场景，其呈现情况要依据模型建立和设计实现的要求，特别是科学真实性的要求。沉浸场景是指不直接反映实验对象运动过程和结果，主要提供直观体现环境的场景。虚拟仿真项目沉浸场景的呈现是指以虚拟仿真的手段，营造逼真、易感知的三维场景，为学生提供高危险、高难度、高成本、现实不可及的虚拟学习环境，激发学生的学习兴趣。

在实验场景中搭建的模型应遵循真实世界的比例关系，场景越复杂，对计算机的性能要求就越高，应重点考虑如下方面：多个场景宜采用关卡加载方式，实现动态加载，以减少场景的复杂度；特殊场景的设计要遵从客观规律，如水下、太空、核化等环境应当符合实际情况，增加场景特效以示区别；在人与场景模型互动时，场景中的模型运动应当遵循物理运动科学，符合生活常识，需要设计合理的碰撞阻挡；互动中的误操作应该有物品、人员损伤的逻辑；涉及的特殊微观、宏观场景，场景与人的比例关系可以适当发生变化，但场景内部比例关系要固定不变，同时增加人物特效，以示区别。

此外，在仿真设计时要特别重视学生的体验，使用心流模型可以很好地让实验者在任务难度和技能水平上保持适当的平衡，达到良好的学习体验。心流是面向明确的任务目标时，操作、沉浸过程中产生的反馈，同时也是检测技能与难度设置关系的通道，模型如图 2-7 所示。在实验过程中，如果实验者的技能水平有明显上升但挑战难度没有变化，实验者将进入厌烦区（A2）。另一方面，如果挑战难度上升，但技能水平没有改善，则实验者将进入焦虑区（A4）。在一段较长的时间内完成任务或重复做任务后，实验者的技能水平会有所改善，并随着时间的推移而提高（A1 到 A2），此时调整难度或者技能训练（A4 到 A3，或 A2 到 A3）会提升学生的兴趣。

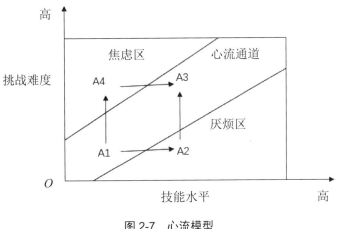

图 2-7　心流模型

2.3.3　虚拟仿真模型

　　虚拟仿真模型是利用计算机建立的关于研究对象的逻辑模型，是系统或者对象本质的简化和抽象，是实现虚拟仿真的核心和基础。仿真模型要体现系统或者对象的客观结构、功能及其运动规律，包括仿真数据和仿真环境的合理设计。但系统本身复杂多变，其中一个元素可能与多个元素有关，一种后果可能是多种原因所产生的，一个元素的改变会作用在实验中不同的地方，在数学上这些因果关系常常反映为多元的、非线性的或其他的复杂运算，若按传统的数学函数去描述，很难构造出精确的数学模式。因此，仿真模型的建立一般采用系统仿真的方法，即根据系统分析的目的，在分析系统各要素性质及其相互关系的基础上，建立能描述系统结构或行为过程的、具有一定逻辑关系或数学方程的仿真模型，并据此进行试验或定量分析，以获得正确决策所需的各种信息，如系统动力学方法、蒙特卡罗方法等。

　　仿真模型使用便捷安全，不受自然环境限制，更可以调节时间进程，是研究、分析、设计、运行和评价系统（特别是复杂系统）的有效工具。但在虚拟仿真模型的设计中很难将所有的问题和相互影响的因素都考虑到，所以在设计时可以采用数据逻辑抽象的理念，即依据实验目的在系统虚拟仿真时采用抓大放小的方法，抓住主要矛盾和矛盾的主要方面建立和开发仿真模型，高效、高质量地实现虚拟仿真和现实的契合。

第 3 章

认识创业机会：客户旅程

创业的想法在绝大多数情况下并不是出自创业者的凭空想象。大量的创业机会往往是创业者从用户消费现有产品或服务时所遇到的各种问题中发掘出来的。因此，理解用户的消费行为可以有效地分析用户的深层次需求、消费痛点与痒点。客户旅程图作为分析用户消费行为的方法论可以有效地对用户消费行为进行分析。掌握客户旅程的方法，结合商业模式分析，可以让创业者高效地分析创业机会。

3.1 实 验 目 标

（1）理解客户旅程的概念。
（2）学会使用客户旅程图分析客户消费过程。
（3）学会通过客户旅程图对自己的产品或服务进行优化。

3.2 实 验 要 求

本课程建议先讲解用户消费行为（市场营销）理论，介绍客户旅程概念与价值、客户旅程图的编制方法、客户旅程图优化用户体验的基本理论知识，再进行实验以确保学生理解并合理使用客户旅程图分析方法。

1. 专业与年级要求

创业管理：本科生高年级（大三、大四）可作为创业管理公选课。
创业学：本科生三年级工商管理专业。

2. 基本知识和能力要求

创业管理：根据实际生活采购或者消费体验引出，不需要前导知识。
创业学：完成市场营销课程学习，理解消费者的采购行为与过程以及消费漏斗模型。

3.3　实　验　内　容

3.3.1　背景介绍

实验以古镇景点中的地摊经营为背景，学生扮演的角色是摊主的儿子。地摊的经营情况一直不怎么好，学生需要运用客户旅程的相关知识分析消费者的消费行为和过程，用尽可能少的成本经营地摊，尽可能多地增加消费者购买量，以此增加收入。

3.3.2　学生端实验操作

1. 登录系统

1）手机扫码登录

学生可以使用手机扫描教师分享的二维码进行登录，扫码后会出现登录界面，如图3-1所示，这里使用学号和密码进行登录，登录系统后即可进入系统主界面。

图 3-1　手机端登录主界面

2）PC（个人计算机）端登录

使用浏览器访问网址 http://www.suitanglian.com，进入系统登录界面，如图3-2所示，输入学号、密码，单击"登录系统"按钮即可登录。

进入系统操作界面后，选择要操作的实验，如图3-3所示。

注：手机端和PC端的操作内容完全一致，因此后续操作步骤使用PC端进行讲解，实验报告界面只有PC端才会提供。

图 3-2　PC 端登录界面

图 3-3　实验操作界面

2. 引导模式

首先进入引导模式，根据人物对话，单击鼠标左键进行对话翻页操作，通过对话了解实验背景情况（见图 3-4）。

图 3-4　引导界面

3. 查看规则

在图 3-5 所示的界面上单击"实验规则"按钮，查看实验规则详情，滚动鼠标到文档的末尾，可详细查看和了解该实验的相关知识点与操作步骤（见图 3-6）。

图 3-5　功能界面

实验规则
1. 让学生理解客户旅程的概念 2. 让学生学会如何使用客户旅程图分析客户消费过程 3. 让学生学会如何通过客户旅程图对自己的产品/服务进行优化 **实验涉及知识点** 1. 客户旅程图（CJM） 2. 地摊经济 **实验流程** （1）了解父亲的地摊经营情况以及古镇景点的环境、制度、其他地摊商贩等外部因素 （2）和游客交流获取游客在景点消费的过程和心理思考 （3）学习客户旅程图相关知识点 （4）使用客户旅程图定义不同消费者，分析他们的消费过程以及不同环节的需求和痛点 （5）在客户旅程图中定义对于父亲地摊的改善点和突破口 （6）在 3D 场景中对父亲的地摊进行整改调整 （7）进行整改方案验证，在 3D 场景中观察消费者是否增多 （8）分析成本投入和利润产出比，看是否要继续优化 **实验评分** 实验满分 100 分，其中客户旅程图绘制占 50%，利润增长占 50% 若超过初始利润 10000 为 100 分，没有增长则为 0 分，中间增长值按等比计算分值

图 3-6　查看实验规则

4. 环境调研

环境界面如图 3-7 所示，通过鼠标左键来移动人物，实验中会出现不同的非玩家角色（non-player character，NPC），通过与不同的 NPC 对话可以了解不同的信息。

在该实验中与路上的 NPC 对话，可以进一步了解古镇信息、游客在景点的消费过程和想法、不同消费者在不同消费环节的需求，以及老板对于古镇的看法等，如图 3-8 所示。

图 3-7　环境界面

图 3-8　对话调研

5. 客户旅程

完成环境调研之后，可以对客户旅程进行分析，客户旅程界面如图 3-9 所示。界面中展示了序号、消费者信息和操作分析。

图 3-9　客户旅程界面

通过 4 个阶段对"用户行为""接触点""情绪变化""问题点""机会点"进行分析，然后单击"提交"按钮，如图 3-10 所示。

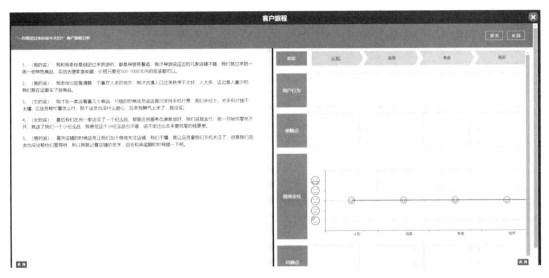

图 3-10　客户旅程分析

6. 地摊调整

通过客户旅程图分析父亲地摊的改善点和突破口，在 3D 场景中对父亲的地摊进行调整，如图 3-11 所示。

图 3-11　地摊调整

调整后可进行系统仿真模拟，如图 3-12 所示。

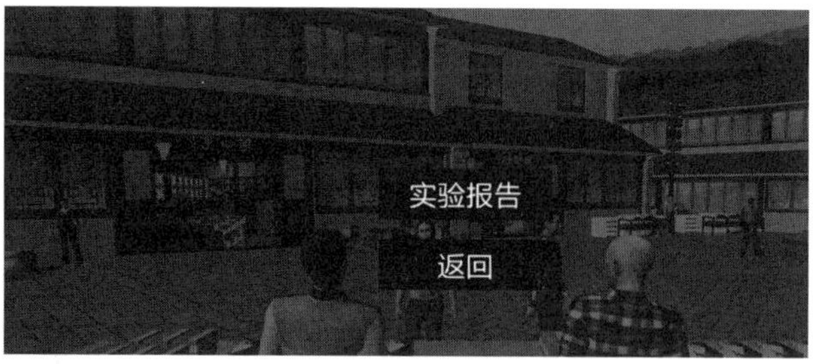
实验报告
返回

图 3-12　系统仿真模拟

7. 实验报告

实验报告记录了此次调整的各项数据，以及实验得分情况。

单击“返回”按钮，可以对地摊的整改方案进行验证。在 3D 场景中观察消费者是否增多；分析成本投入和利润产出比，看是否需要继续优化。实验优化完成后可提交实验，如图 3-13 所示。

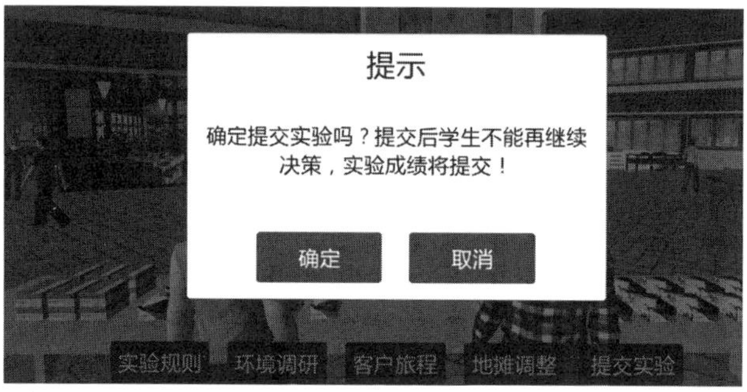
提示
确定提交实验吗？提交后学生不能再继续决策，实验成绩将提交！
确定
取消
实验规则
环境调研
客户旅程
地摊调整
提交实验

图 3-13　提交实验

确定提交实验后，在界面中选择“实验报告”选项，选择完成的实验单击“提交作业”按钮，如图 3-14 所示。

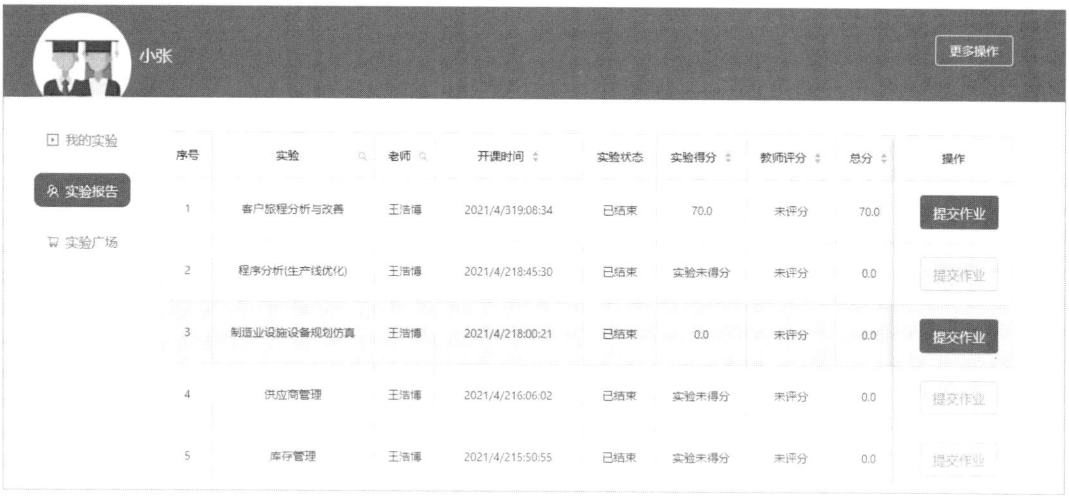
小张
更多操作
我的实验
实验报告
实验广场
序号
实验
老师
开课时间
实验状态
实验得分
教师评分
总分
操作
1
客户旅程分析与改善
王浩博
2021/4/319:08:34
已结束
70.0
未评分
70.0
提交作业
2
程序分析(生产线优化)
王浩博
2021/4/218:45:30
已结束
实验未得分
未评分
0.0
提交作业
3
制造业设施设备规划仿真
王浩博
2021/4/218:00:21
已结束
0.0
未评分
0.0
提交作业
4
供应商管理
王浩博
2021/4/216:06:02
已结束
实验未得分
未评分
0.0
提交作业
5
库存管理
王浩博
2021/4/215:50:55
已结束
实验未得分
未评分
0.0
提交作业

图 3-14　实验报告

这时可以看到自己的实验评分，如图 3-15 所示。

图 3-15　实验评分

3.3.3　实验安排与教师端操作

1．登录系统

使用浏览器访问网址 https://www.suitanglian.com/#/，进入"随堂练在线实验平台"，如图 3-16 所示。

图 3-16　随堂练在线实验平台

单击右上角的"登录"按钮，进入登录界面，如图 3-17 所示。

图 3-17　登录界面

输入手机号/邮箱、密码、验证码，进入实验教学界面，选择相应的实验，如图 3-18 所示。

图 3-18　实验教学界面

2. 班级管理

在界面中选择"我的班级"选项，进入班级管理界面，如图 3-19 所示。

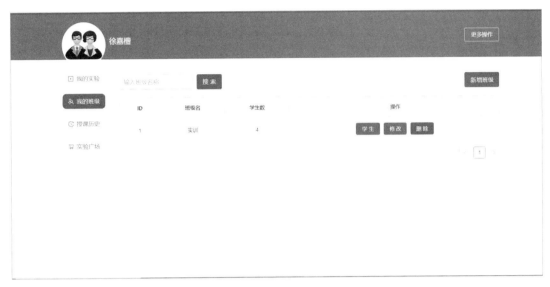

图 3-19　班级管理界面

单击"新增班级"按钮，在图 3-20 所示的界面中填写班级名，导入学生名单，单击"提交"按钮，完成新增班级的操作。此时在班级管理界面中单击"学生"按钮可以查看学生名册，单击"修改"按钮可以修改班级名称，单击"删除"按钮可以删除班级。

注：学生名单必须按照规定模板导入。

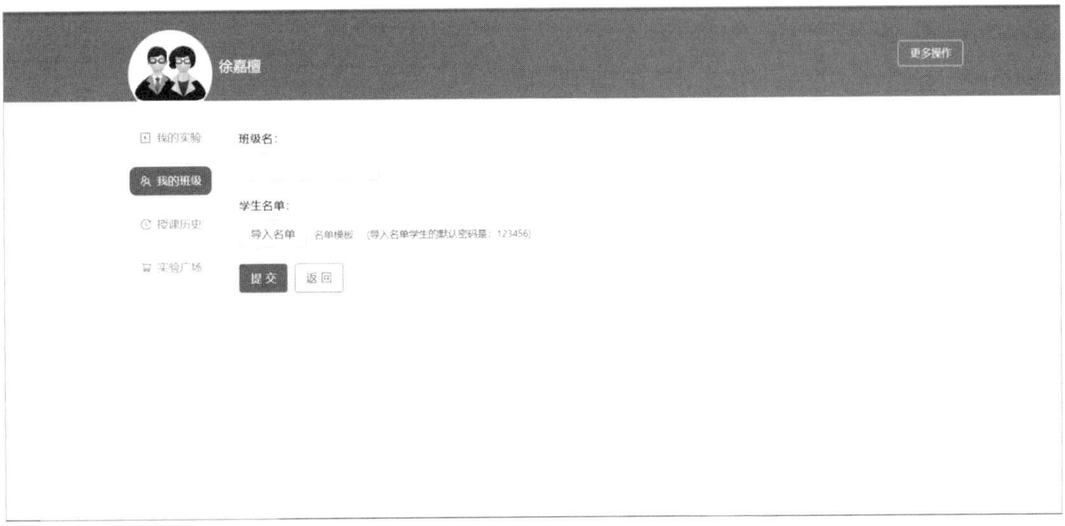

图 3-20　新增班级

3．实验管理

1）进入实验

下面重点讲解客户旅程分析与改善，选择"我的实验"—"创新创业"选项卡，进入实验教学界面，如图 3-21 所示。

图 3-21 "创新创业"选项卡

如果是新开实验，则单击"客户旅程分析与改善"后面的"新开实验"按钮；如需查看正在授课的实验，则单击"正在授课实验"按钮，进入本实验，如图 3-22 所示。

图 3-22 进入实验

单击"开始实验"按钮，在"实验设置"界面中对实验进行设置，如图 3-23 所示，在此可以选择实验班级。

图 3-23 选择实验班级

选择好实验班级后，单击"开始实验"按钮，进入实验管理界面，如图 3-24 所示。

图 3-24 实验管理界面

2）实验知识点和规则讲解

在实验管理界面选择"实验知识点和规则"选项卡进行查看，了解相关知识点和规则，如图 3-25 所示。

实验以一家古镇景点的地摊商家为背景，学生扮演的是这个地摊商的儿子，现在父亲的地摊经营情况一直不怎么好，学生需要运用客户旅程分析的知识分析消费者消费行为和过程，用尽可能少的成本改善地摊，尽可能多地增加消费者购买量。

实验目的

1、让学生理解客户旅程的概念

2、让学生学会如何使用客户旅程图分析客户消费过程

3、让学生学会如何通过客户旅程图对自己的产品/服务进行优化

实验涉及知识点

1、客户旅程图（CJM）

图 3-25　查看实验知识点和规则

3）学生实验入口

选择"实验入口"选项卡，出现一个二维码，如图 3-26 所示。学生可以使用微信或主流浏览器扫描二维码，也可以在计算机浏览器中输入网址 https://www.suitanglian.com/#/，进入操作界面，进行实验操作。

http://www.suitanglian.com:80/mobile_main.html#/main/7734/54

学生扫描二维码进入实验(双击二维码放大)，也可以使用如下地址在计算机端登录

http://www.suitanglian.com:80/#/studentLogin/test

图 3-26　实验入口二维码

4）教师实验管理

选择"实验进度"选项卡，如图 3-27 所示，对学生进度进行查看，可查看学生状态以及学生当前的决策环节。

图 3-27　实验进度

5）学生实验分析

当实验结束时，教师可以选择"实验分析"选项卡，查看本次实验的全班统计情况，如图 3-28 所示。

图 3-28　学生实验分析

4. 学生实验报告

实验结束后，教师可以在"实验分析"选项卡下查看每位同学的成绩和排名，可以对参与此次实验的学生进行教师评分，如图 3-29 所示；还可以查看参与此次实验的学生的详细数据，如图 3-30 所示。

客户旅程的分析、实验过程中地摊调整的记录以及实验参数的详细报告如图 3-31、图 3-32 和图 3-33 所示。

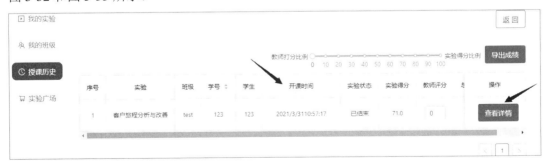

图 3-29　学生实验报告

图 3-30　学生详细数据

图 3-31　客户旅程

图 3-32　地摊调整

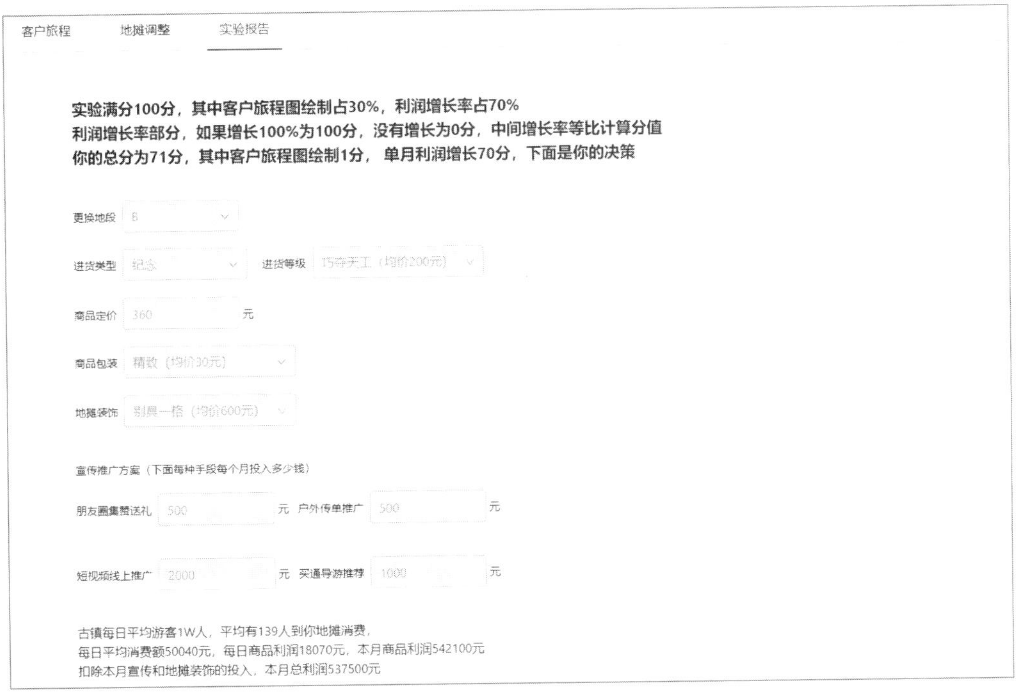

图 3-33 实验报告

3.4 实验知识点

1. 客户旅程

1）客户旅程的定义

客户旅程（customer journey 或 customer experience journey，简称 CXJ，也称客户历程），是指客户首次接触直至下单并享受产品或服务期间与企业互动的全过程。客户旅程揭示一个人对产品或服务的完整的端到端体验，以阐明痛点。一旦确定了痛点，它们就成为创建有意义策略的基础，通过解决关键的激励因素，创造积极的客户体验（Lemon and Verhoef，2016）。

2）客户旅程的目标

（1）传统目标。

❑ 端到端客户体验管理/优化。

❑ 绘制和排序接触点，以确定首先在哪里优化或投资。

（2）非传统目标。

❑ 建立以客户为导向的内容营销策略。

❑ 进行内容差异化分析。

❑ 查看客户流程和交互中的潜在问题。

❑　　改进现有措施，并对潜在问题采取行动。

❑　　开发新产品和服务。

❑　　重新考虑客户服务、呼叫中心及其他与服务相关的流程和建议。

3）客户旅程的发展趋势

随着用户行为和市场趋势的变化，客户旅程的演进分为 3 个阶段。

（1）基于全流程客户关键接触点的优化。客户体验管理是指通过提供打动客户情感的客户体验，让用户成为企业的粉丝。早期的客户体验管理通过客户调研与运营数据的分析，探索出客户在体验中的痛点，并优先影响核心体验的痛点。同时，在客户旅程中创造一个或多个打动客户的吸引点，创造口碑传播的元素，带来更多的客流量。例如，对于生鲜类商品，用户的核心痛点之一是"产品新鲜程度、配送速度和质量"，这时优化策略可以是：严格把关生鲜类商品的新鲜程度，对于不新鲜或者损坏的商品及时销毁，并在鱼虾蟹贝等鲜活水产品配送过程中，使用氧气包来辅助配送保证质量，从而在新鲜和配送两个方面满足并超越客户的预期；同时采用每天推出一款单品打折机制和满减优惠提高用户的满意程度，创造吸引客户的点，以此获取更多的客户。

（2）基于跨渠道全流程客户体验的优化。随着智能手机的普及和移动终端的快速发展，企业与客户的接触点增加，同时呈现出碎片化的趋势，打造在任何时间、任何地点实现线上和线下无缝融合的产品与服务体验对于客户体验的提升尤为重要。由此围绕"人—设备—服务"3 个方面展开，实现无论是线上或者线下，客户的旅程都可以从任何数字渠道或传统渠道中的任一环节进入场景中，并获得相关的产品和服务（杨扬等，2020）。

（3）基于客户价值驱动的客户体验重塑。随着市场逐渐由供给侧导向需求侧，以前聚焦于为客户提供基础产品和服务的以产品为中心的时代，逐渐转变成现在以客户为中心的时代，客户体验管理也从聚焦于关键客户接触点转变成聚焦于跨渠道全流程客户体验的优化。在这个演进的趋势中，客户将在自己的生活场景中体验到满足，从而逐渐习惯于获得最佳体验，将这种满足或超越预期的体验视作理所应当，并不再主动探索某个品牌、某个产品。

2. 客户旅程图

1）客户旅程图的定义

客户旅程图（customer journey map）又称顾客旅程地图，是服务设计的一种工具，通常用消费者与服务互动的接触点作为旅程的架构，以消费者体验的内容构建故事；以用户的需求为导向，并对不同服务接触点的行为和情绪进行解读，能够帮助设计者明确目标用户的痛点，定义产品的机会点（李飞，2019）。

2）使用客户旅程图的目标及意义

客户旅程图的使用者多为市场、销售和服务等营销相关人员，用于增加销售量、改善客户关系和提升品牌形象。使用客户旅程图可以帮助我们更深入地了解用户，辅助进行用户的分类以及对企业产品和服务的重构〔即企业流程再造（BPR）〕。

不同的成功衡量标准将导致企业内部难以建立共同理解，没有共同理解就无法改善客户体验，这是企业普遍存在的问题。客户旅程图则可以有效解决这一问题。创建客户旅程图的过程可以让企业内部加强沟通和达成共识。不仅如此，客户旅程图的简洁准确、便于记忆等特点还可以有效传达信息，有助于企业内部团队之间以及与外部合作伙伴的信息共享（李纯青等，2022），帮助企业建立共同愿景，使企业更好地向前发展。

在实验案例中，只有对客户角色进行全面分析，根据客户旅程图找到目标客户在旅游过程中采购纪念品的痛点和机会点，才能做出更合理的决策。

3）客户旅程图的特点和优势

❑ 关注客户从首次接触到享受产品或服务的全过程，而不仅仅只关注其中的某一个环节。

❑ 完全站在客户的角度进行分析（仅内部的访谈和分析绝对无法推广到真实的客户身上）。

❑ 客户旅程分析采用图表、故事板的方式，直观地告诉各方：客户在每一个阶段的痛点，以及客户在这个阶段想要什么。

❑ 分析出产品在各个环节的优势和劣势，有很强的说服力。

4）客户旅程图的绘制流程

第 1 步：确定旅程图目标和客户。

在开始制作旅程图之前，首先应该基于调研发现，确定旅程图的目标，即确认旅程图需要表达的是哪个体验。其次，应该为自己的旅程图创建一个关键客户（customer），即确认这是谁所体验的旅程。一般来说，关键客户都是基于调研发现和设计目标总结的客户画像，代表着普遍客户的需求、行为和思考（见图 3-34）。

第 2 步：确定体验中的所有触点。

在确定旅程图的目标和客户后，下一步就是整理出客户体验中的所有触点。这一步的目的是更好地梳理和分解旅程阶段，为后续的分析做准备。客户体验中的触点包括物理触点（如：产品能产生交互的不同分区、空间的不同区域等）和虚拟触点。梳理触点还可以帮助设计师快速厘清客户完成体验所需的步骤，并权衡是否合并多个步骤为一个阶段。

第 3 步：确定旅程图的各个阶段。

基于总结出的触点，设计师可以根据时间逻辑将客户旅程分为几个关键阶段，并确定每个阶段客户的主要行为。这一步非常重要，因为后续的情感、需求、痛点等都会根据这些阶段一一对应。如果觉得体验中的步骤很多，可以先将这些步骤全部列出来，然后尝试着合并一些步骤。需要注意的依然是时间逻辑，即步骤不能忽略时间顺序而进行合并。

第 4 步：加入客户情感和需求。

完成前面几个步骤后，可以将基于调研发现的客户需求和情感起伏与旅程图的各个阶段一一对应。需要注意的是，在整理客户情感时，应有意识地对导致这些情感起伏的原因进行再分析，并分类成客户需求和痛点。

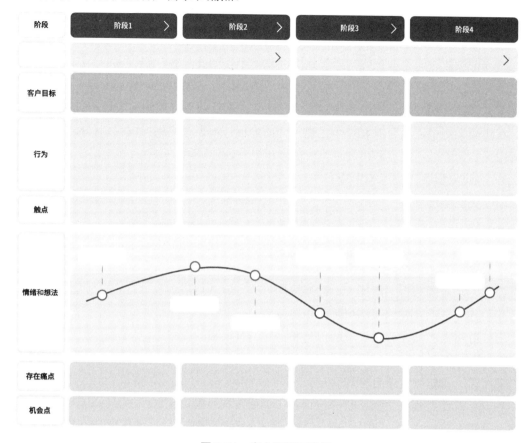

图 3-34　客户旅程图样例

第 5 步：加入客户痛点，总结机会点。

最后一步是将调研中发现的客户痛点与体验中的不同阶段相对应，让其分别对应于用户的行为、情感和需求。分析体验中的痛点是总结设计需要解决的问题的好方法，而痛点常常也是客户决定执行或者放弃某一行为的原因。在总结痛点的基础上，设计师也能进一步总结设计机会点，从而进行后续设计。

5）注意事项

触点（touchpoint）是指客户与使用的产品或者服务的接触和联系，包括服务人触点、媒介触点与物理触点。这些触点是连接客户上下文的关键点，需要在客户旅程图中展示出来。

在客户旅程图中，可以分析：整个客户旅程中的触点有哪些，是否有更好的触点可以提升客户体验，是否可以增加一些触点来改善客户体验，是否可以减少一些触点使整个服务流程或产品体验更加顺畅简洁。

6）峰终理论（peak-end rule）

峰终理论指出了一段体验中的关键时刻。在交互和产品设计中，这个理论旨在给客户创造峰值体验，让普通客户转化为粉丝继而转化为忠实客户，还能极大提高产品满意度（陈丕海，王海峰，2014）。

根据客户在时间线上的心情变化曲线，可以发现 3 个重要特征。

- ❑ 关键时刻：体验记忆是由峰（高峰）、终（结束）时刻的感觉决定的，这一点是峰终理论最强的体现。
- ❑ 痛点免疫：由于关键时刻的影响，只有出现在结束时刻或者制造高峰的痛点才会被重点关注。
- ❑ 简单可控：因为关键时刻和痛点免疫的特征性较强，所以客户体验的优化工作会更加清晰且可操作性强。

将这个理论融入客户旅程图中，可以更加快速地发现项目的核心并且更好地解决客户的痛点问题。

3.5　实验点评与解读

1．实验操作流程

实验操作流程如表 3-1 所示。

表 3-1　实验操作流程表

步 骤	操 作 内 容
1	了解地摊经营情况以及景点环境、制度、其他商贩等外部因素
2	和游客交流获取游客的经典消费过程和心理思考
3	学习客户旅程图相关知识点
4	使用客户旅程图定义不同消费者，分析他们的消费过程以及不同环节的需求和痛点
5	在客户旅程图中定义父亲地摊的改善点和突破口
6	在 3D 场景中对父亲的地摊进行整改调整
7	进行整改方案验证，在 3D 场景中观察消费者是否增多
8	分析成本投入和利润产出比，看是否要继续优化

2．实验分析

首先，我们分析一下古镇消费者的行为。通过和场景中的 10 类游客进行沟通，我们了解到游客有以下获信渠道（即游客通过什么途径找到要去的店铺或者地摊）。

- ❑ 朋友介绍。
- ❑ 户外广告。
- ❑ 网络推广。
- ❑ 导游推荐。

❏ 自行发现。

其中，户外广告>导游推荐≥网络推广≥自行发现>朋友介绍。

其次，我们了解到游客购买商品的用途有如下几种。

❏ 自己收藏。

❏ 送亲朋。

❏ 证明自己来过。

❏ 冲动不合理。

其中，送亲朋>证明自己来过>自己收藏>冲动不合理。

例如：在系统中，通过与三口之家对话，可以获得一些关于客户的信息。

案例场景对话

1.（爸爸）：小孩放假，带孩子出来逛逛多长见识，我们也就随便逛，买点200~500元的纪念品回去收藏。

2.（妈妈）：带孩子出来最要紧的就是安全，人太多，市场秩序不太好，小孩子喜欢逛店铺，外观好的比较吸引他。

3.（爸爸）：这边市场秩序是挺好，就是店铺外观不怎么好，孩子都不太愿意进去看，价格倒是挺合理。

4.（爸爸）：最后我们只能分头行动，孩子他妈带着孩子去玩，我去店铺里面看值得买的商品，后来我找到一家号称10年老店的店铺在做店庆，所有商品统一买一送三，关键是商品质量都还不错，我最后就用原来买1件商品的预算买了好几件，觉得赚到了。

5.（爸爸）：离开店之前，店员说配合他们拍一段短视频，他们要发布到抖音上做宣传。赚了便宜，我自然也是好好配合；说不定他们的短视频火了，我还能露个脸。

接着就是游客能接受的商品价格区间，分别有如下几种。

❏ 50元以下。

❏ 50~200元。

❏ 200~500元。

❏ 500~1000元。

其中，50元以下>50~200元>200~500元>500~1000元。

获信渠道、商品用途、价格区间形成了一个漏斗，当某个店铺或地摊进行销售时，能接受的潜在消费群体是根据总用户量一层一层过滤下来的。例如，景区保安说，一天平均有1000名游客，而店铺和地摊众多，每家店铺和地摊的推广方式、商品类型、定价方法大多各不相同，一家店铺或地摊可能只会吸引几十个游客来店里消费。

虽然不同的店铺共享同一批潜在消费群体，但由于推广方式、商品类型、定价方法不同，消费者会去哪家店铺/地摊消费，看的就是消费者心里对所有备选店铺的综合打分，消费者最终肯定会选择综合打分最高或者比较高的店铺去消费。

和游客沟通的过程中，可以发现游客心中的打分指标如下。

- ❑ 市场秩序。
- ❑ 价格合理。
- ❑ 服务态度。
- ❑ 质量优良。
- ❑ 商铺外观。
- ❑ 知名程度。
- ❑ 包装设计。
- ❑ 店铺信誉。

利用客户旅程图分析每类游客消费过程中的痛点，我们能够得出各个指标的权重，将其从大到小排列差不多也是这个顺序。

所以，如果想让地摊的销售情况更好，首先要让更多游客知道自己的摊位，同时让自己的商品类型和定价尽可能地覆盖较多的消费群体，然后需要让地摊在市场秩序、价格合理、服务态度、质量优良、商铺外观、知名程度、包装设计、店铺信誉这些指标上的分数尽量比自己的竞争对手高。

通过了解场景中的 20 多家店铺和地摊，可以收集到它们的各种信息，游戏者需要利用这些信息让自己的地摊在一些关键指标上超过对手，从而尽可能提高自己的利润（见图 3-35）。

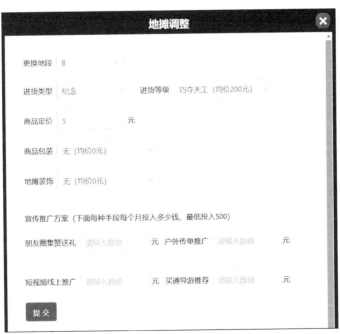

图 3-35　地摊经营策略调整

但是这个过程不会一次做到最优，游戏者找到各种影响因素后，需要反复尝试各种决策组合，才能让自己用最少的成本获得最大的利润。

第 4 章

明确目标市场：用户画像

在市场经济环境下，商品和服务提供越来越向着买方市场发展。这意味着只有满足消费者的预期，创业者的产品和服务才有可能被用户采购。创业者面对的用户其实是一个很笼统的概念——不同背景的人对同一个产品的看法可能完全不同。创业者几乎不可能做出一个满足所有人需求的产品。因此，将有相同需求的用户群体进行划分，可以有效地指导产品和服务的设计及营销活动。在数字时代，大量的数据提供了更多的可能性，通过人工或者机器学习进行用户画像的制作（黄文彬等，2016）。通过用户画像，创业者可以准确地归类客户群体及需求，甚至可以做到千人千面，让每个人都有自己的用户画像。在获取到准确的用户信息和用户需求偏好后，创业者可以更好地针对不同类别的用户进行营销及产品设计等活动，以更好地满足客户需求。

4.1 实 验 目 标

（1）了解用户画像的标签体系。
（2）学会实际场景中用户画像的应用。
（3）了解数据挖掘和机器学习在用户画像中的应用。
（4）熟悉用短信营销配合精准营销设计促销活动。

4.2 实 验 要 求

本课程需要掌握机器学习、数据挖掘等基本概念，并且学习一些经典的算法思想来更好地实现用户画像。

1. 专业与年级要求

创业管理：本/专科生高年级（大三、大四），可作为创业管理公选课。

创业学：本/专科生三年级工商管理专业。

2. 基本知识和能力要求

创业管理：完成创业管理对应章节的学习，对市场和用户研究有初步认识。

信息管理与工商管理：具备初步的算法知识与工商管理知识（市场营销，财务管理）。

4.3 实 验 内 容

4.3.1 背景介绍

1. 实验背景

随着互联网经济的兴起，数据分析的概念已深入到企业运营的具体实践中。目前，随着人工智能、大数据等概念的兴起，企业对于数据的收集、存储、处理能力大大增强，同时数据的应用场景也变得更加丰富。新冠疫情发生以来，许多传统行业（如零售业）加大了在线上渠道布局的力度，由此所产生的海量数据，在合理的技术条件下将能发挥巨大的价值。数字经济时代，已经从原先单纯地以数据分析为决策提供参考建议，过渡到基于业务产生数据并将其资产化，数据作为一种基本要素已成为数字化时代的一大特征（宋美琦等，2019）。

本实验以一家电商公司为背景。公司设有线上旗舰店，主营手机配件，游戏参与者为公司市场部运营专员。公司最近发现用户流失率一直居高不下，因此希望进行一次促销活动，对精准人群进行定向促销，从而降低流失率，参与者需要利用用户画像和数据挖掘知识完成这次精准营销。

2. 数据挖掘及其相关背景

随着计算机技术的革新和网络媒体的快速发展，人们的生活以及企业发展进入了高速信息数字化时代。每天的生活以及生产都会产生大量的数据，如交通、网络、文字、方位等。但是人们很少能够意识到这些丰富的数据中隐藏了有价值的信息（高广尚，2019）。

那么，什么是数据挖掘呢？数据挖掘通常是指在大量的数据中，挖掘出隐含在其中的、人们事先不知道的、具有价值的信息。这些数据的特点是海量、不完全、随机、有噪声，通常是实际业务开展过程中所产生的应用数据（王曰芬等，2007）。从商业角度而言，数据挖掘所要做的是从企业所拥有的商业数据库中对数据进行抽取、转化、分析，或者进行其他更为复杂的模型化处理，其实质是提取关键信息，从而辅助商业决策（刘海鸥等，2018）。数据挖掘技术受到多学科知识的影响，如信息管理学、统计学、机器学习、数据可视化以及诸多其他相关学科。

从数据中提取并分析信息要依赖于算法。随着技术的发展,各类更高效率的算法层出不穷。但是在商业实践中,最常使用的还是下面这些经典的基础算法。

1)分类算法

根据样本数据形成的类知识,将其他数据对象归结到某个已知的类别中。分类问题的输出是离散型变量(如+1、−1),是一种定性输出,预测的是标签。例如,预测明天天气是阴、晴还是雨。如图 4-1 所示,分类算法可以根据数据特征形成特定的规则,并以此为基础将数据样本划分成不同的类别。

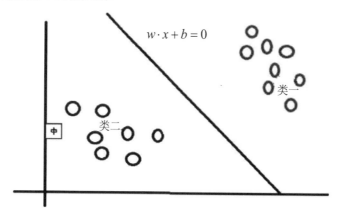

图 4-1　分类算法的分类示意

2)回归算法

分类算法一般针对的是离散型变量,而回归算法针对的是连续型变量。回归算法利用输入变量预测输出变量,两者之间是一种确定性的关系。当输入值发生改变的时候,通过某种映射方式得到的输出值也会发生相应的改变。一般而言,输出值也是连续型变量。例如,预测明天的温度。图 4-2 展现出根据有限的数据样本通过算法求得的回归方程,展现在图中就是往右上角倾斜的直线,通过这样的回归方程可以实现预测的目的。

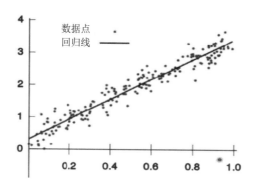

图 4-2　回归算法中的数据点与回归线

3）聚类算法

聚类是在预先没有训练和不知道划分类别的情况下，根据信息相似度原则把样本划分为若干类。理想的情况是做到同一分类下的样本相似度尽可能高，而不同分类的样本之间的相似度尽可能低。图 4-3 所示是聚类算法的例子。将给定的所有样本划分成若干类别，如果以距离为标准，那么需要做到类内距离最小化以及类间距离最大化。

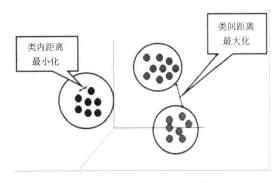

图 4-3　聚类算法的类内距离与类间距离

4）关联规则

反映一个事物与其他事物之间的相互依存性和关联性，用于从大量数据中挖掘出有价值的数据项之间的相关关系，可从数据中关联分析出形如"由于某些事件的发生而引起另外一些事件的发生"之类的规则。

4.3.2　学生端实验操作

本实验中，学生的任务是：在仿真的用户画像场景下，应用机器学习与数据挖掘等一系列算法，结合市场营销的基本知识，通过提取用户数据为用户贴上标签，实现用户画像，从而为后续的精准营销打好基础。

1. 登录系统

1）手机扫码登录

学生用手机扫码后，首先出现登录界面，如图 4-4 所示。学生使用学号和密码进行登录，登录系统后，进入系统主界面，如图 4-5 所示。

2）PC 端登录

除了通过手机端登录，还可以通过 PC 端登录。使用浏览器访问网址 http://www.suitanglian.com:80/#/studentLogin/ydt，进入系统登录界面，输入自己的学号和密码，即可登录软件系统，如图 4-6 所示。

图 4-4　手机端登录界面

图 4-5　手机端登录后的界面

图 4-6　PC 端登录界面

登录后可以看到教师在系统中为学生分配的实验，如图 4-7 所示，在"我的实验"里找到用户画像分析实验，单击"进入实验"按钮。

进入实验的主界面，其中有 5 个按钮，分别是左上角的问号（实验步骤说明）以及下方的"知识学习""统计报告""用户画像""促销方案" 4 个主要实验模块（见图 4-8）。

注：手机端和 PC 端的操作内容完全一致，因此后续操作步骤用 PC 端进行讲解，实验报告只有 PC 端提供。

图 4-7　PC 端登录后的实验选择界面

图 4-8　实验主界面的 4 个主要实验模块

2. 查看规则

单击图 4-8 界面上的"？"按钮，可以查看实验规则。这里会对本次实验的目的、涉及知识点以及核心过程等内容进行介绍，以便于学生快速了解本次实验。将右侧滑块下拉到最后，可以查看实验的操作步骤（见图 4-9）。

3. 知识学习

单击图 4-8 中的"知识学习"按钮，可以对实验的知识点进行学习，包括用户画像、数据挖掘和机器学习、精准营销，如图 4-10 所示。本次实验前学生必须对相应知识点有所了解，才能很好地进行后续的实验。

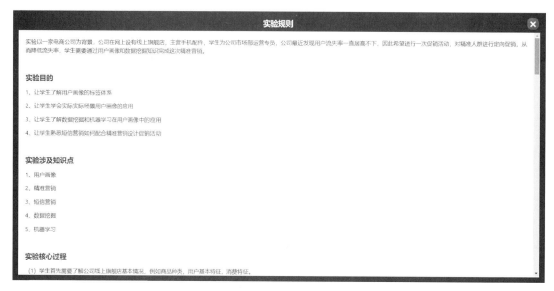

图 4-9 实验规则介绍

图 4-10 知识学习界面

4. 统计报告

用户画像能够为后续精准营销等方案的实施打好基础。在实验的开始，先要通过数据统计分析、可视化等手段对公司的用户基本情况进行了解，发现问题所在，作为后续分析的基础。单击图 4-8 中的"统计报告"按钮，可以查看网站数据统计图表，包括已流失、未流失人群特征对比，如图 4-11 所示。

5. 用户画像

单击图 4-8 中的"用户画像"按钮，系统弹出选择页面，可以单击"手动创建用户画像"按钮或单击"数据挖掘分析数据"按钮，如图 4-12 所示。

单击"手动创建用户画像"按钮，可以进入相应的页面对用户画像进行创建，如图 4-13 所示。

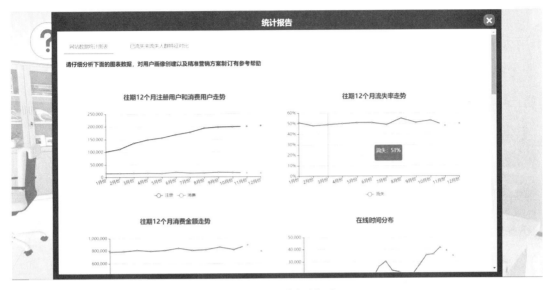

图 4-11 查看统计报告

图 4-12 用户画像选择

图 4-13 手动创建用户画像

单击"数据挖掘分析数据"按钮，可以看到本实验所提供的 3 种不同的分析选项，学生可以根据自己的需要进行相应的选择，如图 4-14 所示。

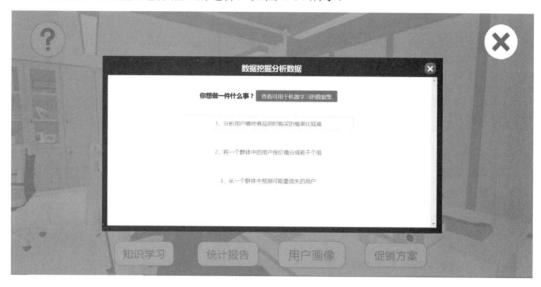

图 4-14 数据挖掘分析数据

6. 促销方案

根据数据挖掘分析的结果，制订相应的促销方案。单击图 4-8 中的"促销方案"按钮可以进入"制订促销方案"界面，如图 4-15 所示，单击"新增方案"按钮。

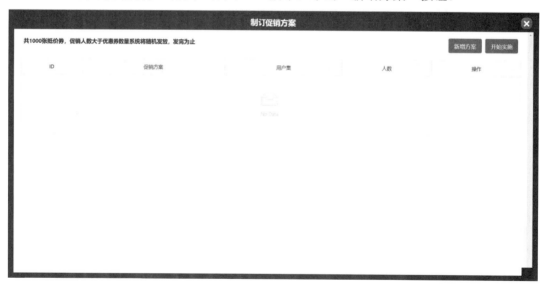

图 4-15 制订促销方案

新增促销方案，选择促销短信，如图 4-16 所示。

制订完毕后单击图 4-15 中的"开始实施"按钮，进入实施动画仿真界面，如图 4-17

所示。该仿真界面可以模拟学生制订方案后，在不同场景下实施方案时所产生的效果。

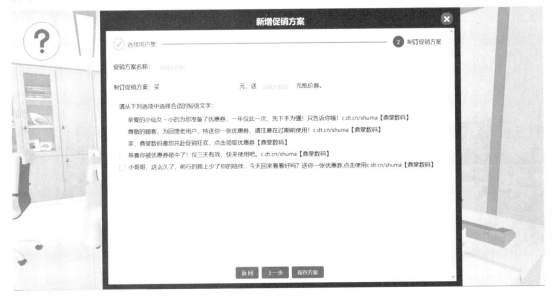

图 4-16　新增促销方案

图 4-17　开始实施，进入仿真界面

　　仿真动画结束，产生实验结果。系统会报告方案开展的细节。查看实验报告，如图 4-18 所示。

7. 实验报告

　　在 PC 端的实验选择界面选择"实验报告"选项，选择自己做的相应实验单击"提交作业"按钮，如图 4-19 所示。

　　提交作业后，可查看自己的实验评分，如图 4-20 所示。

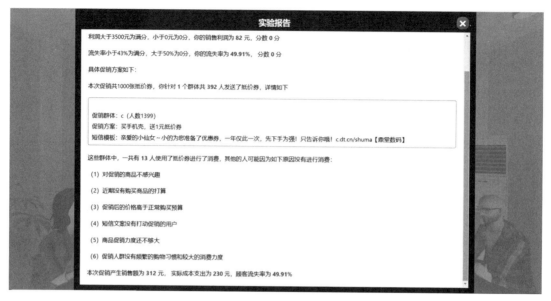

图 4-18 仿真结束，查看实验报告

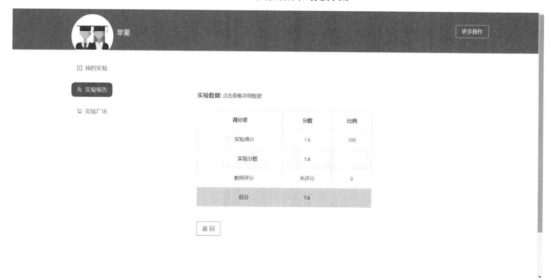

图 4-19 实验报告浏览界面

图 4-20 实验报告得分界面

通过"点击查看详细数据"，可以查看实验的详细数据，如图 4-21 所示。

本实验知识测评部分为20分，精准营销部分为80分，你的本次实验得分为 0 分

其中，知识测评部分 0 分，数据挖掘部分过程分 0 分，精准营销部分 0 分，

利润大于3500元为满分，小于0元为0分，你的销售利润为 22 元，分数 0 分

流失率小于43%为满分，大于50%为0分，你的流失率为 49.98%，分数 0 分

具体促销方案如下：

本次促销共1000张抵价券，你共对 1 个群体共 132 人发送了抵价券，详情如下

> 促销群体：nan（人数132）
> 促销方案：手机壳满25元，送3元抵价券
> 短信模板：亲爱的小仙女～小的为您准备了优惠券，一年仅此一次，先下手为强！只告诉你哦！c.dt.cn/shuma【鼎堂数码】

这些群体中，一共有 3 人使用了抵价券进行了消费，其他的人可能因为如下原因没有进行消费：

(1) 对促销的商品不感兴趣

(2) 近期没有购买商品的打算

(3) 促销后的价格高于正常购买预算

(4) 短信文案没有打动促销的用户

(5) 商品促销力度还不够大

(6) 促销人群没有频繁的购物习惯和较大的消费能力

本次促销产生销售额为 66 元，实际成本支出为 43 元，顾客流失率为 49.98%

图 4-21　实验详细数据展示界面

4.3.3　实验安排与教师端操作

1. 登录系统

通过网址 http://www.suitanglian.com/#/进入"随堂练在线实验平台"，如图 4-22 所示。

图 4-22　PC 端网站首页

单击"登录"按钮，进入登录界面，如图 4-23 所示。

输入手机号/邮箱、密码、验证码，进入实验教学界面，如图 4-24 所示。

2. 班级管理

在实验教学界面选择"我的班级"选项，进入班级管理界面，如图 4-25 所示。

图 4-23　PC 端教师登录界面

图 4-24　实验教学界面

图 4-25　班级管理界面

单击"新增班级"按钮，如图 4-26 所示，填写班级名，导入学生名单，单击"提交"按钮，完成新增班级操作。

图 4-26　导入学生名单

注：学生名单必须按照规定模板导入。

在班级管理界面单击"学生"按钮可以查看学生名册，单击"修改"按钮，可以修改班级名称，单击"删除"按钮可以删除班级。

3. 实验管理

1）进入实验

在实验教学界面选择"我的实验"—"数字营销"选项卡，如图 4-27 所示。

图 4-27　"数字营销"选项卡

单击"基于用户画像分析的精准营销实践"进入本实验，如图4-28所示。

图 4-28 "基于用户画像分析的精准营销实践"管理界面

单击"开始实验"按钮，对实验进行设置，如图4-29所示。

图 4-29 实验设置界面

在此可以选择实验班级，选择好后，单击"开始实验"按钮，进入实验管理界面，如图4-30所示。

2）实验知识点和规则讲解

选择"实验知识点和规则"选项卡可以查看相关知识点以及规则，如图4-31所示。

图 4-30　实验管理界面

图 4-31　查看实验知识点和规则

3）学生实验入口

选择"实验入口"选项卡，出现一个二维码，如图 4-32 所示。学生可以通过微信或主流浏览器扫描二维码，也可以在计算机浏览器中输入网址 http://www.suitanglian.com:80/#/studentLogin/ydt 进入操作界面。

4）教师实验管理

选择"实验进度"选项卡对学生进度进行查看，如图 4-33 所示，可查看学生状态以及学生当前的决策环节。

图 4-32 学生实验入口界面

图 4-33 教师端学生实验状态管理

5）学生实验分析

当教师实验结束时，可以进入"实验分析"界面，查看全班本次实验的统计情况，如图 4-34 所示。

6）学生实验报告

实验结束后，单击"返回"按钮返回实验首页，切换到如图 4-35 所示的界面。

可以单击"查看参与学生"按钮查看实验当中每个参与学生的实验情况，如图 4-36 所示。

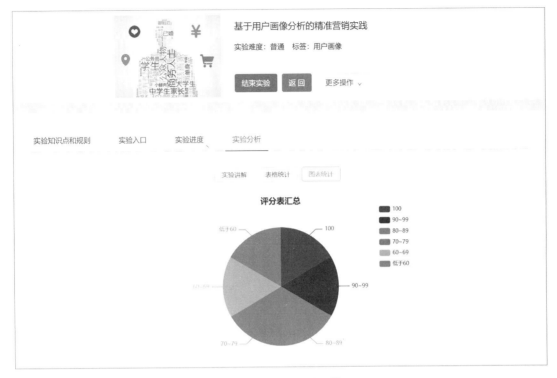

图 4-34　全班实验统计情况

图 4-35　查看学生实验报告

图 4-36　学生实验数据分析

　　教师可以对某个学生进行实验打分，可以先查看学生的详细数据，然后进行评分，如图 4-37 所示。

图 4-37　教师评分

通过"点击查看该学生详细数据"可以看到学生每次实验的详细情况，如图 4-38 所示。

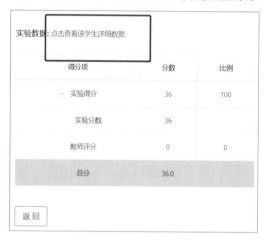

图 4-38　查看该学生详细数据

4.4　实验知识点

1. 用户画像

用户画像其实就是给不同的用户打上标签，而打标签的依据是用户的社会属性、过往的消费习惯、不同的偏好等来自各个维度的数据。通过这些数据对用户的属性进行刻画，并对这些特征通过统计、分析、挖掘的方式提取潜在的信息（Gu et al，2018）。用户画像可以看作企业对于大数据的一种基本应用，是在营销实践、市场研究、产品研究中广泛运用的方法，也是后续企业数据运营的基础。

用户标签一般分为 3 种类型。

（1）统计类标签。这是最基础也是最常见的标签类型，例如用户的年龄、性别、消费次数等。这些字段可以从用户注册数据、用户访问、消费数据中统计得出。

（2）规则类标签。该标签基于用户的行为及确定的规则产生。实际开发画像的过程中，由于运营人员对业务更熟悉，而数据人员对数据的结构、分布、特征更熟悉，因此规则类标签由运营人员和数据人员共同协商确定。

（3）机器学习挖掘类标签。该标签通过机器学习挖掘产生，用于对用户的某些属性或者某些行为进行预测判断。例如，根据一个用户的行为习惯判断该用户是男性还是女性。

2. 精准营销

精准营销是指能够在想要的时间，通过想要的途径将营销信息发送给目标客户（刘征宇，2007）。这有赖于数据技术手段的逐步完善，可以采取更加个性化沟通的行为方式来降低营销成本。可以根据特定用户群的具体需求、不同的特质、偏好和行为模式提高对于产品的理解，使品牌更好地满足不同用户群体的需求，进而显著提高营销效果和成功率。

例如，少女的购买行为和产品偏好与她们父亲的完全不同。使用精准营销策略可以立即区分出目标人群的个人偏好、行为和兴趣，从而做出更具战术性和更明智的业务决策。品牌是由想从你那里购买产品的人建立的，所以一切都是为了以更相关的方式与他们建立联系。当采用精准营销方法时，我们可以使用工具和数据来进行内容丰富、数据驱动的客户沟通，从而实现比以往更好的结果。

3. 短信营销

短信营销是一种精准营销的形式。短信营销，顾名思义，就是以发送手机短信的方式来达到营销目的营销手段。

一般来说，短信营销需要遵守 4 个要素。

（1）确保了解客户并提供足够的价值。

（2）尊重客户，尽可能降低对客户的打扰。

（3）短信内容、参与形式、好处与价值要简单易理解。

（4）制造急迫感和稀缺感。

4. 机器学习

机器学习是指利用已有的数据训练计算机的算法模型，并利用这些模型对新的情景做出判断。机器学习是一种高度自动化的数据分析方法，它是人工智能的一个分支，其基本理念是让计算机通过对数据的学习、识别而不断地训练完善，在尽量减少人为干预的条件下，在后续决策过程中能够准确识别或者预测，以提高决策的效率（Zhou，2021）。

人们对机器学习产生兴趣的原因是，机器学习可以使计算机快速、自动地生成模型，这些模型可以分析更大、更复杂的数据并提供更快、更准确的结果——即使是在非常大的数据规模上也是如此。通过建立精确的模型，组织可以更好地识别盈利机会，或避免未知风险。

目前，在现实中机器学习已经得到广泛的运用。大多数处理大量数据的行业已经认识到机器学习技术的价值，并且通过它从这些数据中获取有价值的信息辅助决策，这使组织能够更有效地工作或获得超越竞争对手的优势。

4.5 实验点评与解读

1. 决策分析要点

首先进行需求分析。流失率居高不下，想通过促销降低流失率，这件事有几个要注意的问题。

（1）已流失的群体是很难召回的，所以促销重点应该放到还未流失但有可能会流失的群体。

（2）促销券有限，一定要把钱花在刀刃上，找到有价值并可能会流失的群体。

（3）用户购买手机配件有时会一起购买多个，做合适的捆绑促销会进一步留住价值人群。

确认问题之后，下一步分析哪些商品一起买概率较高。首先从数据挖掘进入，选择商品购买概率预测，算法为关联。分析数据得出有两组商品有同时购买概率，将其记录下来。

在这之后，需要找出高价值群体。首先从数据挖掘进入，将群体分为若干组，算法为聚类。通过数据结论分析出用户群中的高价值群体，将其保存为一个数据集合。紧接着需要在高价值群体中查找可能会流失的群体。预测数据集则需选择前面聚类出来的高价值群体。系统会预测高价值群体中可能会流失群体的特征分布，找出占比比较高的，然后过滤出不同促销的群体，数量尽可能向极限值逼近。最后来制订促销方案。根据促销群体常买商品，选择促销商品和优惠价，然后根据促销群体性别，决定称呼与需要展示的信息，选择合适的短信。

2. 实验分析讲解

1）分析哪些商品同时购买的概率比较高

用户往往会同时购买多个商品，经常在一起被购买的商品组合我们称之为关联商品。可以用关联算法找到这种关联关系，另外需要用到商品交易数据，还需要知道一次交易中有哪些商品被同时购买（交易 ID 和购买内容）。

图 4-39 是关联算法结果的一部分，我们可以知道手机壳的关联商品是手机膜，所以当用户购买手机壳的时候，也有 48%的概率去购买手机膜，由此我们可以尝试推送两张优惠券。

商品1	商品2	购买商品1时同时买商品2的概率
手机壳	手机膜	0.48

图 4-39 关联商品及关联算法结果展示

2）分析群体中的用户价值

由于我们的优惠券数量有限，而高价值人群挽回概率更高，所以针对高价值人群发放优惠券挽回效率最高。聚类就是将用户群进行分类的算法。针对所有用户进行聚类，找出价值人群。可以通过 RFM 模型找出价值人群，该模型主要考察近期消费金额、近期消费次数和最近一次消费距今天的天数这 3 个指标。

聚类结果可以显示每个用户群的指标对比。用户群 1 的时间数最小，频率较大，金额一般，可以认为是高价值用户；用户群 2 的频率和金额高，但是时间数最大，可以认为是中等价值用户；用户群 3 的金额和频率都是最低的，时间数也较大，可以认为价值度最低（见图 4-40）。金额越大、频率越大、时间越小，说明客户价值越大。

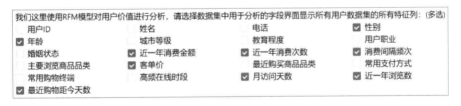

图 4-40　不同用户群 RFM 平均值对比表

3）分析预测可能要流失的客户

在系统中选取用户数据集里面相应的分析字段，这些分析字段用于分析预测很可能要流失的客户，如图 4-41 所示。

图 4-41　选择分析字段

通过已流失和未流失用户找出的规律，对高价值人群进行流失预测。导入明确已流失和未流失的用户数据集，通过预测算法进行训练。选择导入数据集的特征，找出两类用户的显著差异特征。根据这个模型预测数据集，预测完成后，得到可能会流失的人群特征分布。发现女性人数远大于男性，因此继续细分人群时可以优先选择女性作为促销人群（见图 4-42）。

图 4-42 男女用户预测将流失的人数

4）进一步细分流失客户人群

针对预测会流失的人群进行进一步细分，要保证人群特征明显，人数够多，并且预测近期会购买。完成对人群的分类以后就可以针对不同的人群设置促销方案。由于优惠券数量有限制，所以当使用的优惠券超过限制时，我们会随机给限制数量以内的人发优惠券（见图 4-43）。例如，我们要给 300 个人发优惠券，但是只剩下 200 张优惠券，这时我们会随机给 300 个人里的 200 个人发优惠券。

图 4-43 向用户发放优惠券

通过分析促销方案得出以下几点。

（1）促销的品类是用户主要浏览商品的品类或者是其关联品类。

（2）用户只有在购买促销品类的情况下才有可能购买关联品类。

（3）促销之后的价格要在用户的购买预算之内（客单价）。

（4）选择合适的短信文案，例如图 4-43 中的短信文案对于 40 岁以下的女性会更有吸引力。

（5）商品促销力度越大，购买人群越多，但由于成本限制，利润也会减少。

3. 分析内容

怎样才能做出一套可落地的用户画像？

不少企业做了用户画像，可能只是实现了一些静态标签，以用户基本属性为主，入门级别就是做些用户问卷调研、电话访谈，进阶的就是通过一些后台埋点，得出男女比例7∶3、华南华北比例4∶6这些会被业务方痛骂的痒点数据。这些用户画像没有真正用在实际业务中，不会对业务产生价值，最终沦为形式主义。所以要让用户画像确定发挥作用，一套可实际落地的用户画像是必要条件。

1）明确业务方做用户画像的目的

这里先指出：不是因为有了用户画像，用画像去提升业务；而是业务有需求，才需要去建立用户画像。举个例子，内容型社区希望通过上线知识付费模块，将该模式进行商业变现，基于此，我们需要把业务目标和要解决的问题进行梳理，根据要解决的问题去做用户画像。只有明白了业务方做用户画像的目的，才能在之后选取出更符合需求的数据标签。

2）对用户数据进行收集

常见的用户数据可分为静态数据和动态数据。由静态数据标签搭建出的就是 2D 用户画像，例如小明，男，25 岁，北京。而由"动态数据标签+静态数据标签"搭建出来的就是 3D 用户画像，例如小明于 3 月 11 日登入 30 分钟，访问了某页面 4 次后，将商品加入购物车，这些就属于动态信息，是随着时间不断变化的。

3）构建用户画像模型

收集到基础用户数据之后，我们从用户的基本概况入手，对用户的年龄、地域、行业等维度进行分析，对用户画像进行建模。

who（用户）——哪些用户？对用户的表示，方便区分用户，定位用户信息。

when（时间）——什么时间发生？用户发生行为的时间跨度和时间点，比如浏览页面20 s，其中单击按钮是在第 5 s，返回是在第 17 s，也就是时间跨度为 20 s，发生行为的时间点分别是 5 s 和 17 s。

where（地点）——用户行为触点。用户接触产品的触点，比如网址访问了哪些分页、在 App 上点了哪些按钮、刷新了几次，或者其他交互行为。

what（事件）——触发的信息点。也就是用户访问的内容信息，比如主要浏览类别、品牌、描述、生产日期等，这些内容也生成了对应标签。

action（行动）——用户具体行为。比如电商用户的添加购物车、搜索、评论、购买、单击赞、收藏等。用户画像的数据模型可以概括为下面的公式：用户+时间+行为+接触点。某用户因为在什么时间、什么地点做了什么事，然后打上标签。

不同产品需要不同的标签组合，不同的标签组合形成了用户画像的模型。

4）数据可视化

构建完模型后，用 BI 工具对前面产生的用户画像进行数据可视化分析，一般是分析特定群体，比如可以根据用户价值来细分出核心用户，评估某一群体的潜在价值空间，以进行有针对性的运营等。

第 5 章

利用现有资源：资源拼凑

有统计数据证实，绝大多数创业者就算有了可行的创业机会，依然缺乏足够的资源来向客户提供创新的产品和服务。如何在非常有限的资源条件下成功创业？是先准备好所有资源再进行创业，还是通过创造性的资源组合来满足客户的需求？大量成功的创业案例告诉我们，资源不一定全部自有，通过对资源的创造性组合运用可以达成同样甚至更好的效果。资源拼凑和我们经常听到的资源整合其实说的是一件事情。创业者往往在资源极其有限的情况下运用资源拼凑、步步为营的思想经营企业。通过深刻理解资源拼凑的方法、策略，创业者可以更好地利用资源向客户提供服务，并避免产生全面拼凑无法形成核心竞争力而导致的"内卷"。

5.1 实 验 目 标

本实验通过虚拟仿真场景进行体验式学习，学习目标如下。

（1）了解精益创业基本逻辑，理解创业企业资源限制，理解资源基础理论。

（2）了解并掌握资源编排理论。

（3）了解并学习运用资源拼凑理论策略。

（4）了解并应用步步为营创业策略。

（5）通过实验评测个人创业思维风格，提供创业思维参考信息。

5.2 实 验 要 求

本课程建议采用与理论课整合的讲解模式，约 2～4 课时。面向全校公选，可以只进行引导模式讲解，在面向商科专业或有实际创业意愿的同学时，可以进一步加入探索模式，结合企业经营内容，使学生更好地理解企业经营过程资源整合的时机。

1）专业与年级要求

创业管理：本科生高年级（大三、大四），可作为创业管理公选课。

创业学：本科生三年级工商管理专业。

2）基本知识和能力要求

创业管理：完成创业管理对应章节学习，对创业三要素有初步认识。

创业学：具备初步的工商管理知识（市场营销、运营管理、财务管理、组织行为学）。

5.3 实 验 内 容

5.3.1 背景介绍

1. 实验场景介绍

本实验通过让参与者扮演一位刚毕业的大学生参与经营一家洗衣店，并在经营壮大后继续做连锁洗衣店业务进行二次创业，让参与者在实验过程中运用步步为营和资源拼凑的概念进行经营。本实验要求参与者从仿真经营过程中了解资源基础理论、资源编排理论，并学会运用资源拼凑理论、策略及过程。实验最后对参与者的创业思维风格给予评价，并提供创业思维参考信息。

2. 成绩评价说明

参与者交互性操作步骤共 14 步，资源拼凑赋分模型如表 5-1 所示。

表 5-1 资源拼凑赋分模型

步骤序号	步骤目标要求	步骤合理用时/分钟	目标达成度赋分模型	步骤满分	成绩类型
1	创业领域决策 理解创业思维可承受损失原则和利用已有资源原则	3	选择方案合理性，成功可能性	5	■操作成绩 ■实验报告 □预习成绩 □教师评价报告
2	创业团队组建 理解创业团队组建能力拼凑原则和让伙伴做出承诺原则	3	团队能力值均衡性与费用控制比例	5	
3	经营融资起步 理解创业初期融资常见情况及向内部融资的基本方法	3	融资方向及合理选择项目	5	

续表

步骤序号	步骤目标要求	步骤合理用时/分钟	目标达成度赋分模型	步骤满分	成绩类型
4	销售产品设定 理解在资金有限的条件下业务开展所需成本控制的基本逻辑	3	产品设定客户覆盖面及成本控制	5	
5	营销渠道拼凑 了解营销渠道，理解在资金有限的条件下进行市场营销的基本策略	3	渠道覆盖情况及成本控制	5	
6	营销方式拼凑 认知创业过程中的偶然事件，正确识别并用于企业经营	3	客户转化率及成本控制	5	
7	消费者参与共赢 了解资源拼凑利益共赢机制，引入消费者参与形成共赢	3	客户转化率及成本控制	5	
8	运营配送拼凑 理解步步为营的成本控制逻辑，搜寻利益相关者拼凑配送	3	服务能力及成本控制	5	■操作成绩 ■实验报告 □预习成绩 □教师评价报告
9	运营店面方式拼凑 理解资源拼凑长期合作与深度合作	3	覆盖面及成本控制	5	
10	运营生产拼凑 根据线索搜寻多余资源进行深度合作，同时理解拼凑合作的局限	3	应急处理能力及成本控制	5	
11	拼凑战略1：能力建设 理解拼凑战略，选择性拼凑——核心竞争力（质量）建设	3	用户口碑提升	5	
12	拼凑战略2：营销建设 理解拼凑战略，选择性拼凑——营销能力建设	3	用户认知度提升及成本控制	5	
13	拼凑战略3：配送建设 理解拼凑战略，选择性拼凑——可拼凑部分建设	3	用户口碑及成本控制	5	
14	漫游—自主决策模式 完整地体验和学习创业拼凑。通过数据分析理解和探究拼凑方法、原则，并结合经营情况选择进入与退出的领域和时机（可选）	40	企业经营绩效（含团队、营销、销售、运营、财务）全指标	35	

5.3.2　学生端实验操作

本实验中，学生的任务是：模拟经营一家洗衣店，由于资源缺乏，需要应用资源拼凑的策略与方法，从洗衣店的营销、运营等各个环节寻找资源拼凑的机会，运用资源拼凑的方法解决创业企业资源不足问题并识别资源拼凑类型，在合适的时候退出影响竞争力的拼凑，保留有价值的拼凑，引领企业快速成长。

1. 登录系统

1）手机扫码登录

学生用手机扫码后，首先出现登录界面，如图 5-1 所示。学生使用学号和密码进行登录，登录系统后，进入系统主界面，如图 5-2 所示。

图 5-1　手机端登录界面 　　　　　　　　图 5-2　手机端登录后的界面

2）PC 端登录

除了通过手机端登录，还可以通过 PC 端登录。使用浏览器访问网址 https://www.suitanglian.com/#/lab，进入系统登录界面，输入自己的学号和密码，即可登录软件系统，如图 5-3 所示。

登录后可以看到教师在系统中为学生分配的实验，如图 5-4 所示，在"我的实验"里找到创业资源拼凑，单击"进入实验"按钮。

进入实验的主界面，如图 5-5 所示，单击"开始实验"按钮，进入角色类型选择界面，如图 5-6 所示，有 4 种不同的角色可供选择，每个角色的管理能力、技术能力、营销能力和合作能力不同，学生根据自己的喜好或教师分配选择相应角色。

注：手机端和 PC 端的操作内容完全一致，因此后续操作步骤用 PC 端进行讲解，实验报告只有 PC 端提供。

图 5-3　PC 端登录界面

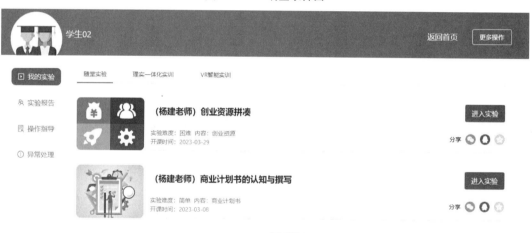

图 5-4　PC 端登录后的实验选择界面

图 5-5　PC 端的实验主界面

图 5-6　角色类型选择界面

2. 查看规则

单击图 5-5 中的"实验规则"按钮，可以查看实验规则。这里会对本次实验的目的、涉及知识点以及核心过程等内容进行介绍，以便于学生快速了解本次实验。将右侧滑块下拉到最后，可以查看实验的操作步骤（见图 5-7）。

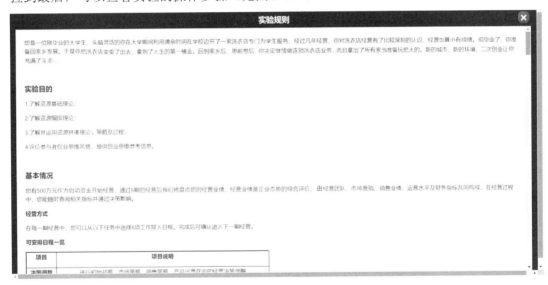

图 5-7　实验规则

3. 创业领域决策

学生在本环节需要根据实验背景信息，进行虚拟创业人员选择和创业方向选择。在开始实验后，学生可选择自己的经营角色。学生要了解不同背景的人员在面临不同的创业选择时，如何分析创业的风险，利用手中资源进行精益创业；另外，在本环节学生还要决策创业方向、经营方式以及创业启动出发点等（见图 5-8）。

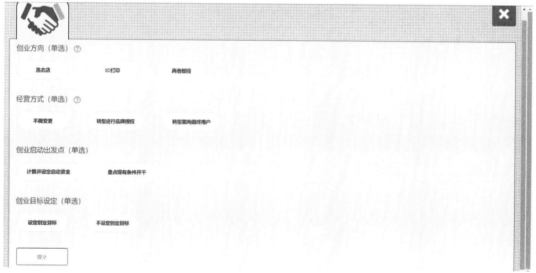

图 5-8　选择虚拟创业人员及创业方向

4. 创业团队建设

在本环节，学生需要进行团队建设，在选择自己的团队成员时最多可选择 5 名成员。学生需要学习如何组建创业团队，理解能力拼凑的概念、让伙伴做出承诺的意义。理解创业需要能力互补形成合力，理解企业领导模式，选择合适的而非能力强的伙伴来进行合作，避免后期经营出现能力或者合作问题（见图 5-9）。

5. 创业融资

由于创业资金有限，无法满足经营的基本要求，因此学生需要在本环节对融资方案、融资方式进行决策。学习内容：初创企业一般在银行没有足够抵押，很难放贷，能得到天使投资的比例很低或者条件很苛刻，初创企业对外融资费时费力且很难达到融资的预期；如果无法拿到外部投资，应该充分利用自有资产在合作伙伴的支持下开展业务，降低资金需求（见图 5-10）。

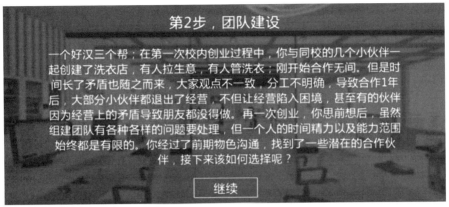

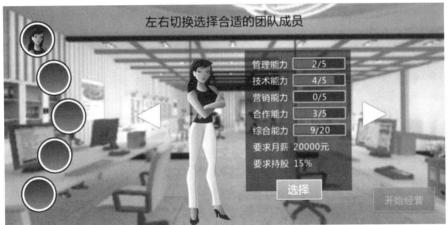

图 5-9 选择团队成员

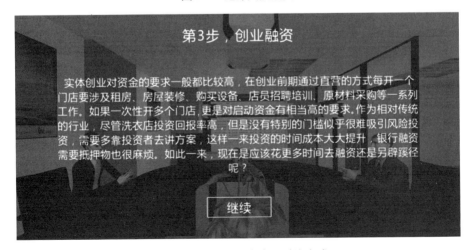

图 5-10 选择融资方案及融资方式

图 5-10　选择融资方案及融资方式（续）

6. 产品设计

学生在本环节需要进行产品设计，对产品组合以及多产品组合进行选择。在该环节，学生需要理解初创公司步步为营的成本控制方式，以及在有限的资金下集中精力只做一个产品，进行总成本控制（见图 5-11）。

7. 营销渠道拼凑

在没有太多资金做推广合作的条件下，应善用资源进行拼凑，提升推广效果或降低推广成本。因此，学生在本环节需要对营销渠道进行拼凑。学习内容：了解外部资源，识别利益共同体，通过拼凑方式进行营销成本控制（见图 5-12）。

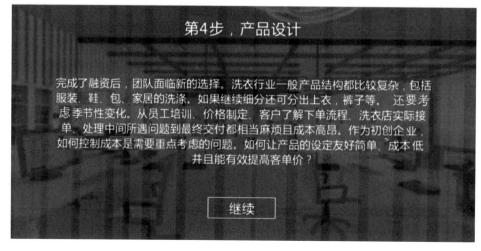

图 5-11　产品设计

图 5-11　产品设计（续）

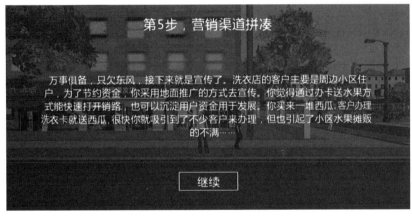

图 5-12　营销渠道拼凑

8. 热点事件营销

在没有足够资金的情况下营销应善于观察，可以运用热点事件进行事件营销从而达到事半功倍的效果。因此，在该环节学生需要学习进行热点事件营销，可根据热点事件进行决策。学习内容：了解如何观察周围信息，并发挥拼凑策略进行营销活动，有效降低资金投入（见图5-13）。

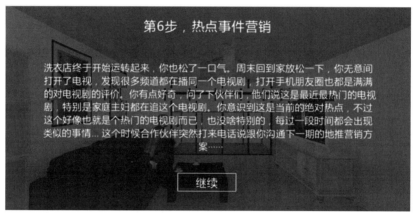

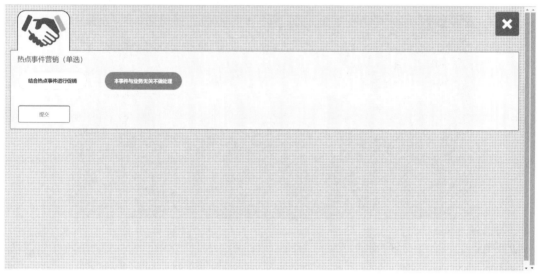

图5-13　热点事件营销

9. 消费者共建

该环节需要学生去发现可共建的消费者，引导客户进行有奖促销，从而提升用户参与感，形成好的口碑。学习内容：通过观察消费者行为，采用营销活动让消费者具有参与感，形成利益共同体，将自发的活动引导成为营销活动（见图5-14）。

10. 运营方式拼凑

当门店建设投入过大时，可以通过多网点拼凑方式降低成本投入，因此在本环节学生需要选择门店运营模式，可通过内部拼凑降低成本。学习内容：在扩张过程中，发现内部闲置资源并用于拼凑，充分提升效率达到成本节约的目的（见图5-15）。

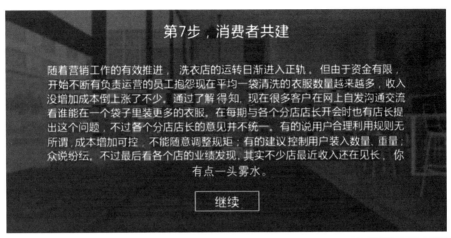

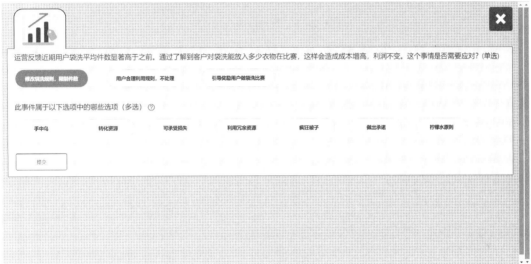

图 5-14　消费者共建

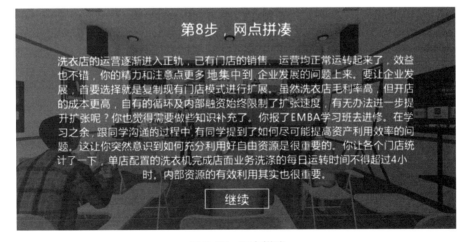

图 5-15　网点拼凑

图 5-15　网点拼凑（续）

11. 配送拼凑

在运营物流人力无法满足要求的情况下，可进行众包配送解决人员不足的问题。因此，在该环节学生需要去发现潜在合作者，并与之谈判合作，完成洗涤配送资源拼凑方式决策。学习内容：识别外部闲置资源，识别共同利益形成拼凑（见图 5-16）。

12. 生产能力拼凑

销售能力持续提升后，往往会给运营带来极大压力。在运营生产能力无法满足日常经营时，通过发现客户闲置资源并与之合作进行资源拼凑，实现低成本扩展运营生产能力。在该实验环节中，学生需要去发现合作者剩余资源，并与之谈判加深合作。学习内容：取得信任后与合作伙伴长期合作，并进行资源拼凑，实现低成本扩展运营生产能力，提升效率，达到成本节约的目的（见图 5-17）。

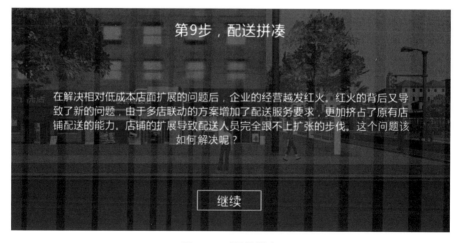

图 5-16　配送拼凑

图 5-16 配送拼凑（续）

图 5-17 生产能力拼凑

13. 拼凑退出——核心能力建设

拼凑运营模式虽然降低了成本，但是也带来了售后服务的问题。随着业务的发展，拼凑模式也需要在恰当时间退出，改变运营生产模式，引入洗衣工厂提升效率和质量，并进行核心能力建设。学习内容：企业核心能力建设。在企业经营走上正轨后，要识别对经营发展有影响的拼凑，并果断退出，通过核心能力建设让企业更好地发展（见图5-18）。

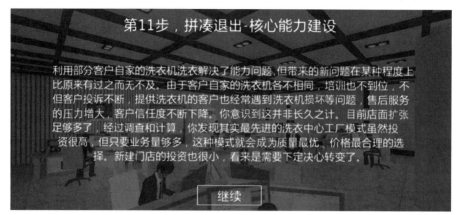

图5-18 企业核心能力建设

14. 拼凑部分退出——营销推广

企业经营走上正轨后，要扩大规模需要进一步推进营销。学生在该环节需要对传统广告、新媒体广告及现有拼凑方式进行营销整合，形成综合营销方式，进一步提升营销效能和覆盖面。学习内容：营销推广。在企业经营走上正轨后，扩大用户感知和转化率需要持续进行营销。在规模经营阶段既要关注传统渠道、新媒体营销，也要保留现有事件营销和部分拼凑营销形成整合营销（见图5-19）。

15. 拼凑不退出——配送网络

在企业经营走上正轨后，需要对现在的配送网络进行 SWOT 分析，因此学生在该环节需要进行决策——继续与客户拼凑配送还是自建配送（见图5-20）。

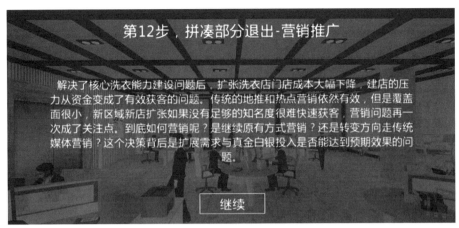

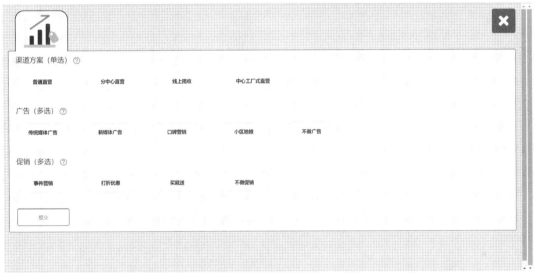

图 5-19　营销推广

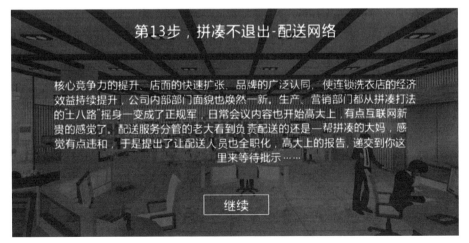

图 5-20　配送网络选择

图 5-20　配送网络选择（续）

16.　漫游——自主决策模式

在完成 1～13 步引导模式后，学生独立探索运营企业 6 期，更好地理解资源拼凑、精益创业，最后在实验报告中查看自己的分数（见图 5-21）。

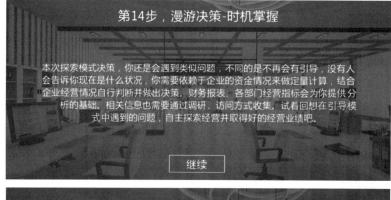

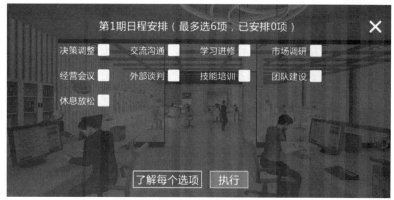

图 5-21　实验决策过程性评价

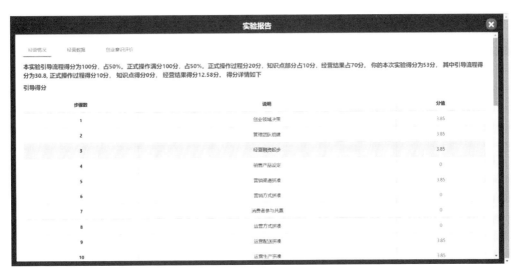

图 5-21　实验决策过程性评价（续）

5.3.3　实验安排与教师端操作

1. 课程安排建议

本课程作为创新创业公选课内容，建议用 2 课时讲授，讲解顺序为知识点讲解、案例导入、实验流程学习、自主探索，最后进行集中点评。在面向专业学生时，建议采用 3 课时讲解，在向导模式后结合企业情况进行漫游模式经营。

2. 教师端实验操作

1）登录系统

通过网址 http://www.suitanglian.com/进入"随堂练在线实验平台"，如图 5-22 所示。单击"登录"按钮进入登录界面，如图 5-23 所示，输入手机号/邮箱、密码、验证码，进入实验教学界面，如图 5-24 所示。

图 5-22　进入教学实验平台

图 5-23　登录界面

图 5-24　实验教学界面

2）班级管理

选择"我的班级"进入班级管理界面，如图 5-25 所示。单击"新增班级"按钮，在如图 5-26 所示的界面中填写"班级名"，导入学生名单，单击"提交"按钮，完成新增班级操作。在班级管理界面单击"学生"按钮可以查看学生名册，单击"修改"按钮可以修改班级名称，单击"删除"按钮可以删除班级。

注：学生名单必须按照规定模板导入。

图 5-25　班级管理界面

图 5-26　导入班级名单

3）实验管理

（1）进入实验。

在实验教学界面选择"我的实验"—"创新创业"选项卡，如图 5-27 所示。下面重点讲解创业资源拼凑，选择"创业资源拼凑"选项进入本实验，如图 5-28 所示。单击"新开实验"按钮，对实验进行设置，如图 5-29 所示，在此可以选择实验班级，选择好后，单击"开始实验"按钮进入实验，如图 5-30 所示。

图 5-27　"创新创业"选项卡

图 5-28　进入"创业资源拼凑"实验

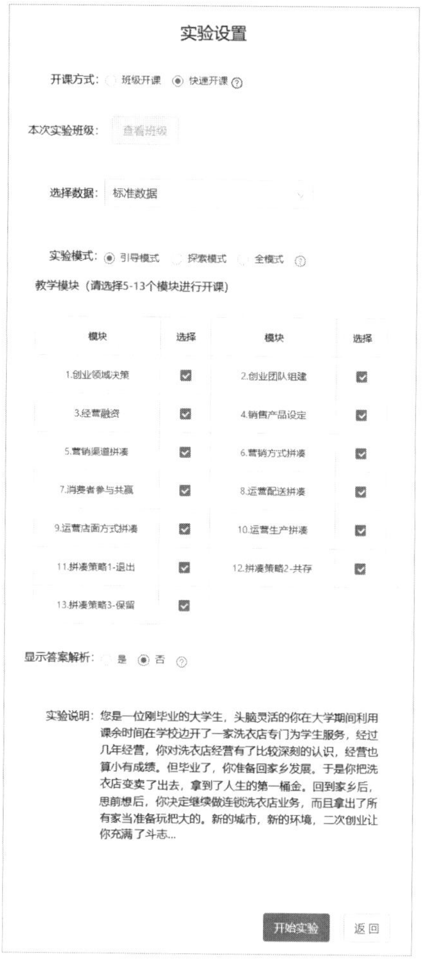

实验设置

开课方式：班级开课　◉快速开课 ⑦

本次实验班级：查看班级

选择数据：标准数据

实验模式：◉引导模式　探索模式　全模式 ⑦
教学模块（请选择5-13个模块进行开课）

模块	选择	模块	选择
1.创业领域决策	☑	2.创业团队组建	☑
3.经营融资	☑	4.销售产品设定	☑
5.营销渠道拼凑	☑	6.营销方式拼凑	☑
7.消费者参与共赢	☑	8.运营配送拼凑	☑
9.运营店面方式拼凑	☑	10.运营生产拼凑	☑
11.拼凑策略1-退出	☑	12.拼凑策略2-共存	☑
13.拼凑策略3-保留	☑		

显示答案解析：是　◉否 ⑦

实验说明：您是一位刚毕业的大学生，头脑灵活的你在大学期间利用课余时间在学校边开了一家洗衣店专门为学生服务，经过几年经营，你对洗衣店经营有了比较深刻的认识，经营也算小有成绩。但毕业了，你准备回家乡发展，于是你把洗衣店变卖了出去，拿到了人生的第一桶金，回到家乡后，思前想后，你决定继续做连锁洗衣店业务，而且拿出了所有家当准备玩把大的。新的城市，新的环境，二次创业让你充满了斗志……

开始实验　返回

图 5-29　实验设置

图 5-30　进入实验

（2）实验知识点和规则讲解。

选择"实验知识点和规则"选项卡可以了解相关知识点和规则，如图 5-31 所示。

图 5-31　实验知识点和规则讲解

（3）学生实验入口。

选择"实验入口"选项卡，出现一个二维码，如图 5-32 所示。学生可以通过微信或主流浏览器扫描二维码，也可以在计算机浏览器中输入网址 http://www.suitanglian.com:80/#/studentLogin/ydt 进入操作界面。

图 5-32　学生实验入口

（4）教师实验管理。

选择"实验进度"选项卡，可以查看学生状态以及学生当前决策环节，如图 5-33 所示。

图 5-33　查看学生实验状态

5.4　实验知识点

本实验通过游戏化场景设定，以及问题导入式与探究式相结合的流程，设定了一个虚拟仿真场景，供学生认识并掌握基于资源拼凑、步步为营的精益创业体验。

1. 资源基础理论

资源基础理论将企业看作一系列具有不同用途的资源的集合，认为企业拥有着不同类型的资源。这些资源可以是有形的，也可以是无形的，并且都能够转换成独特的能力（谷奇峰，丁慧平，2009）。同时假设这类资源在企业间不可流动且难以复制，由此构建起企业独特的竞争优势并实现超额利润（Kozlenkova et al，2014）。

2. 资源编排理论

企业既有的异质性资源能够为企业竞争优势奠定基础，但是从创业过程来看，同样也需要依赖于对自身资源的编排组合，即通过资源结构化捆绑和利用等不同的措施实现资源的优化（张青，华志兵，2020）。资源利用则是现有资源的开发和能力转换，改进、丰富、扩展现有能力，并开创出新的能力，构建新的资源组合，提升企业竞争优势（Sirmon et al，2011）。

3. 步步为营

步步为营即小步快走、多次尝试的策略，在面临资源约束的情况下，创业者需要分多个阶段投入相应的资源，并且细化每个阶段资源投入的总量。

4. 资源拼凑

资源拼凑是指创业过程中有效地组合资源，有效实现结构的改变。有时需要适当地加入新的元素，这些元素往往是手边已有的东西，也许不是最好的，但是可以通过一些技巧或者窍门组合在一起（祝振铎，李新春，2016）。这种行为是一种创新行为，有时候会带来意想不到的惊喜。

1）全面拼凑和选择性拼凑

全面拼凑，指创业者或者创业公司在物质、人力、技术、制度以及客户等不同的方面，在相当长的一段时期内都使用拼凑的方法。即便在企业现金流不稳定时，依然不会停止。选择性拼凑，指创业者在拼凑行为上拥有一定的选择性，根据业务或者当前资源约束有选择性地挑选一两个领域。这种行为往往发生在早期创业资源比较紧缺的时候，随着企业的发展将逐渐被放弃。

2）拼凑策略

受到资源限制的创业者采用拼凑，即通过整合手头的资源去应对新的问题或者新的机会。具体包括以下策略：突破习惯思维方式、手边资源的再利用、将就、资源整合（梁强等，2013）。

5. 整合外部资源的机制

（1）识别利益相关者及其利益。

（2）构建共赢的机制。

（3）维持信任，长期合作。

6. 资源整合的原则

（1）尽可能多地搜寻出利益相关者。

（2）识别利益相关者的利益所在，寻找共同利益。

（3）共同利益的实现需要共赢的利益机制做保证。共赢在多数情况下难以实现同时赢，更多的是创业者要设计出让利益相关者感觉到赢而且是优先赢的机制。

（4）沟通是创业者与利益相关者之间相互了解的重要手段，信任关系的建立有助于资源整合、降低风险、扩大收益。

7. 外部资源整合的过程

（1）资源整合前的准备：建立个人信用，积累人脉资源。

（2）测算资源需求量：估算启动资金，测算营业收入，编制预计财务报表，结合企业发展规划预测资源需求量。

（3）编写商业计划。

（4）确定资源来源。

（5）资源整合谈判。

5.5　实验点评与解读

1. 决策分析要点（结果结论）

本实验包含了应用资源拼凑策略在创业战略、团队组建、融资、营销、运营等环节中应用的场景。每一个环节的决策都会影响企业整体经营绩效，具体分析内容如表5-2所示。

表5-2　本实验决策分析内容及要点

序号	实验模块	可能的实验结果	实验步骤结论
1	创业领域决策	不同的创业方向和创业目标选择，会在很大程度上影响创业是否成功	创业应分析创业风险，确定可承受损失，用好手中资源进行精益创业
2	管理团队组建	不同的创业团队搭配会在经营决策、经营成本、决策成功率等方面影响创业结果	创业需要能力互补，形成合力。理解企业领导模式，选择合适的伙伴，而非简单地选择能力强的伙伴来进行合作，避免后期经营能力或者合作出现问题
3	经营融资起步	创业初期不同的融资方式会影响融资的结果	初创企业在难以有效对外融资的情况下，应更多地考虑步步为营策略，更多地依靠自身和供应链资金进行运营。请求潜在合作者做出承诺
4	创业目标设定	依靠现有资源开始，而不是预先设定资金和创业目标，能更快切入市场，也不必等待投资或者想象中的最佳机会	创业本身就具有高度不确定性，按照传统经营预测、风险评估的模式运作会失去很多商业机会。从掌握的资源出发，创业讲求效果逻辑而非管理的因果逻辑

续表

序号	实验模块	可能的实验结果	实验步骤结论
5	销售产品设定	不同的产品方案会导致不同的运营成本和收益，过多的产品会导致运营费用过高，积压其他投资，影响经营绩效	初创企业资金有限，产品设定需要符合整体资金链能力，适度的产品设定才能让企业良性运转
6	营销渠道拼凑	不同的营销方式有不同的成本，不营销、高成本会导致推广效果差或营销费用过高挤占企业有限的资源。初创企业资金有限，在营销上应优先考虑低成本，借用可拼凑资源尽量降低成本	理解柠檬水原则，把别人对你的请求变成资源拼凑
7	消费者参与模式	对运营过程中，消费者行为的不同引导会导致不同的消费者反应，进而影响消费者的消费行为和对品牌的认知	资源拼凑的计划能被创造也能被发现，仔细观察消费者，合理引导可以形成的共同利益进行拼凑，进而形成低成本的营销推广活动，可以极低的代价实现较好的营销结果
8	运营方式拼凑	在网点需要扩展覆盖面的情况下，有多种建店选择，不同选择可导致资金需求不同，其他能力无显著不同	如何发现并充分利用内部闲置资源进行拼凑，可降低对资金的需求
9	运营配送拼凑	在运营持续向好的情况下，做出不同的配送选择，自营和与小区大妈拼凑有不同的经营成本，会影响企业运营资金情况，在客户服务质量上大妈更胜一筹	要学习向陌生人请求，利用疯狂被子原则一起合作，进行拼凑达成共同利益，有效降低资源需求
10	运营生产拼凑	在销售持续提升后，往往会给运营带来极大压力，在运营生产能力无法满足日常经营时采取不同的决策。自建、拼凑等方式对资金、销售和质量均有不同的影响，进而影响经营业绩	对已有资源拼凑，合作者通过一定时期的合作建立长期信任，发现其闲置资源后进行更深度的合作
11	拼凑战略能力建设	经营度过初创期后，由于质量问题面临能力建设选择，不同的选择可能导致不同质量，并进一步影响客户口碑和品牌，从而影响经营绩效	资源拼凑分为全面拼凑和选择性拼凑，对影响企业后续发展的拼凑，在条件具备的情况下应全面放弃
12	拼凑战略营销建设	经营度过初创期后，随着企业的扩展对营销有更高的要求，不同的营销渠道和投入会进一步影响客户认知和品牌形象，进而影响企业是否能壮大发展，最终影响经营绩效	资源拼凑分为全面拼凑和选择性拼凑，对可部分保留的拼凑应保留，但不应该因此放弃正常的营销活动
13	拼凑战略配送建设	不同配送方式的成本各不相同，客户接受度也会有不同。不同的选择会对企业绩效产生不同的影响	资源拼凑分为全面拼凑和选择性拼凑，对不影响企业经营，甚至有利于企业经营的拼凑可以选择性持续应用并做好管理工作

续表

序号	实验模块	可能的实验结果	实验步骤结论
14	自主决策模式	学生可在企业战略、市场营销、生产运营、人力资源、财务等方面做出不同决策，决策会影响包括消费者认知、消费购买、品牌质量认知在内的各类指标变化，不同决策可导致企业快速扩展，或缓慢进步，或原地踏步甚至破产	应用步步为营、资源拼凑等策略进行精益创业有助于更好更快地实现创业目标

2. 分析内容

（1）重新创业时有哪些资源？创业者所拥有的资源能够支撑吗？如果不能，你觉得他应该如何整合这些资源？

① 创业时的资源，主要是最初的经营经验。

② 单纯这些资源不足以支撑其面向客户的开发。

③ 发掘现有客户的社会资源和口碑效应。靠着这些客户的信任，很好地利用客户的社会资源，使业务的影响迅速扩大。除此之外，发挥好互联网作用，加强与客户的互动，提高对客户的服务质量，增强客户的黏性，扩大客户的规模，将客户流量变现。

（2）创业者一般会拥有哪些资源？创业者为什么经常受到资源匮乏的约束？

① 创业者一般会拥有人力资源、社会资源、财务资源、物质资源、技术资源和组织资源。

② 缺乏经营业绩、未来发展不确定等一系列因素都使新创企业与现存企业、大公司相比，在资源获得方面处于劣势，因此创业者经常受到资源匮乏的约束。

（3）依赖自有资源（bootstrapping）与拼凑（bricolage）之间存在什么异同？

① 不同之处。

一是资源获取途径不同。依赖自有资源主要指在缺乏资源的情况下，创业者分多个阶段投入资源并且在每个阶段或决策点投入最少的资源。拼凑是在已有元素基础上，不断替换其中的一些要素，形成新的认识。其中，前者强调依赖自己拥有的资源；而后者强调利用手边的已有资源，可以是自有的，也可以是他人弃之不用的资源。

二是阶段性投入资源不同。依赖自有资源强调创业者分多个阶段投入资源并且在每个阶段或决策点投入最少的资源；而拼凑强调全面拼凑和选择拼凑。

三是对创新的程度要求不同。依赖自有资源是为实现目标；而拼凑是整合资源用于新的目的，是对手边已有资源的转化与创造。

② 相同之处。

一是面临的环境相同。两者都是在资源匮乏的环境下，创业者做出的利用资源的方式。

二是侧重依赖内部资源。依赖自有资源强调自力更生，减少对外部资源的依赖；同样，拼凑也强调利用手边的已有资源。

三是两者都是突破资源约束的方式。

（4）比较资源基础理论与资源编排理论的差异。

资源基础理论是从静态视角分析资源要素对于企业竞争优势的影响（张琳等，2021），而资源编排理论则是从动态角度出发。两者都是企业竞争优势形成的原因，并且随着创业特质论的逐渐没落，以及对于创业过程研究的兴起，后者逐步受到学者和企业家的重视。因为后者可习得、可复制，对于实践而言更具有指导意义。

（5）人们常说创业是白手起家、无中生有，对此你怎么看？

"白手起家、无中生有"并不是说没有任何资源，而是创业者在资源匮乏的情况下对有限资源进行转化与创造。创业者一般在创建企业时，无法完全拥有人力资源、社会资源、财务资源、物质资源、技术资源和组织资源，有时只有一种想法或技巧。创业者会运用自身具备的资源整合能力，以一种突破习惯的思维方式利用自身拥有的资源或他人弃之不用的资源立即行动，从而迎接新机会或解决新问题。

（6）互联网对创业者整合资源带来了哪些影响？

互联网具有以下特点。

① 互联互通，超越时空限制，消除了企业与用户的空间距离，实现快速沟通与交流。

② 通过价值交互网真正实现以客户为中心。而客户是企业经营中最宝贵的资源。

③ 数据成为资源。互联网产生大数据，而大数据的特点是不精确和动态的，这些资源既产生了机会，又为企业创造了价值。

④ 互联网是开放的，利于形成开放的有机生态圈。开放的互联网可以降低交易成本。

互联网降低了创业者整合资源（如客户、数据等）的门槛，提高了创业者整合资源的效率，大大提升了企业价值的创造。

第 6 章

明确客户需求：产品设计

企业通过向客户提供有竞争力的产品或服务来获取回报，产品/服务也直接反映了企业的竞争力。根据之前章节的学习，我们理解到不同的客户对产品和服务有着不同的需求与期待，创业者在分析了客户群体后，基于自己的资源情况进行选择，围绕特定人群的需求进行产品/服务设计可以有效地提高客户满意度。但如何规划产品，如何设计功能，如何取舍，既满足特定客户的需求又有合理的利润空间，让利润最大化？对此，创业者需要深入理解不同类别产品的设计流程，特别是对常见的一般类别产品设计流程方法的学习，可以让创业者少走弯路，快速推出让客户满意的产品。

6.1 实验目标

（1）认知一般产品的设计开发流程。

（2）掌握 STP 理论，确定细分市场与产品定位。

（3）应用竞争分析工具来分析产品功能需求及定价。

（4）应用 QFD 进行产品功能设计。

（5）应用价值工程控制产品成本。

（6）掌握测试与反馈的方式以及改进策略。

6.2 实验要求

本课程建议采用与理论课整合讲解的模式，可以用 2～4 课时完成。面向全校公选，可以只进行引导模式讲解，在面向商科专业或有实际创业意愿的学生时，可以进一步加入探索模式，结合企业经营内容，让学生更好地理解企业经营过程资源整合的时机。

1. 专业与年级要求

创业管理：本科生高年级（大三、大四），可作为创业管理公选课。

创业学：本科生三年级工商管理专业。

2. 基本知识和能力要求

创业管理：完成创业管理对应章节学习，对创业三要素有初步认识。

创业学：具备工商管理基础知识，适合市场营销、运营管理、财务管理专业。

6.3 实 验 内 容

本实验内容包含 3 个部分：产品设计实验的背景介绍、学生端实验操作步骤说明和相关知识点介绍，以及教师端实验开启配置及操作说明。

6.3.1 背景介绍

随着信息技术的发展，以及物联网、人工智能、5G 等先进信息技术的广泛应用，消费者对科技智能产品越来越青睐。本案例中，以小米为代表的互联网企业开始向智能家居业务拓展，通过对特定客户群体需求的深度挖掘，对高性价比的智能家居产品的制造和推广，形成新的热点并且打开了新的高价值市场。本实验以此为案例背景，模拟一家制造企业制造台式电风扇。应用 3D 仿真场景让参与者在高沉浸的环境中进行学习，模拟进行相关产品设计。参与者应用所学知识自主探索决策并由系统给出仿真反馈，可有效提升学习效果。

6.3.2 学生端实验操作

本实验中，学生的任务是：在仿真的经营场景中，应用产品设计知识结合企业经营情况与竞争态势，设计出最符合客户需求及企业资源所及的产品，获得最佳的企业绩效。

1. 产品设计背景知识学习

本环节介绍设定场景背景和需要完成的任务，学生可以在该环节中查询主要方法论，查看公司基本信息（产品信息、订单情况）、市场信息（主要对手信息、市场报告、舆情数据）等。一般产品的设计开发过程分为计划、概念开发、系统设计、细节设计、测试完成、投入生成等阶段，每个阶段都有一些有特点的步骤，学生可以单击"知识点"按钮，查看一般产品的设计与开发流程，为后续实验做铺垫，如图 6-1 所示。

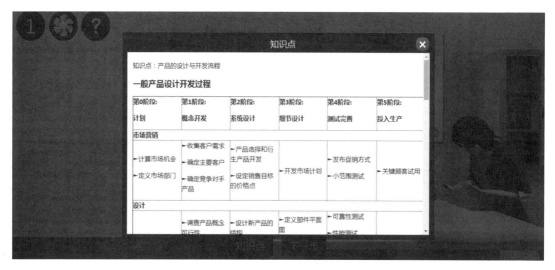

图 6-1　一般产品设计开发过程知识点

2. 产品研发计划

产品研发计划是产品设计的最初阶段，该阶段主要涉及的知识点是目标市场（市场细分）与价值主张。学生可以单击"知识点"按钮进行查看，如图 6-2 所示。

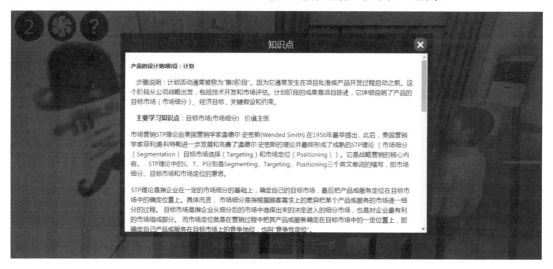

图 6-2　产品研发计划知识点

市场细分是指在市场调研的基础上，对目标消费者的消费需求、消费倾向、行为习惯等方面的特征进行分析，并依据特征把消费者划分成若干消费者群体的市场分类过程。分类结果中的每一个消费者群体都形成一个细分市场，每个细分市场中，消费者都具有类似的需求特征。

对目标客户的需求进行深入剖析，把握目标客户的真实需求，这一过程称为价值主张。价值主张的方法通常有：罗列产品的所有优点、重点宣传对自己有利的差异点、突出与客户的共鸣点。

　　选择目标市场离不开对产品销售数据的分析。如图 6-3 所示，根据产品销售渠道，分析报告中所提供的各品牌产品年度销量数据图。

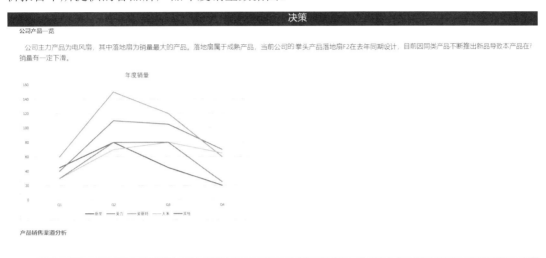

图 6-3　产品销售渠道分析

　　在 STP 理论定位分析的基础上，做出目标市场（家庭用户市场、年轻人市场、高端人群市场、低端市场）选择，同时填写目标市场选择的价值主张描述，如图 6-4 所示。

图 6-4　目标市场选择

　　产品研发计划阶段的实验目的是学习并认知产品研发基本方法论和流程节点。根据市场调研报告分析客户群体，并应用 STP 理论定位目标市场，设定产品调性（价值主张）。选择不同的细分市场可能导致不同的市场总规模和预期收益，该阶段的决策选项说明如表 6-1 所示。

表 6-1 产品研发计划阶段的决策选项说明

决　策	选　项	选项说明及仿真结果
主要目标客户选择	家庭用户	根据对给定用户画像的分析可知，家庭用户对采购便利性要求高，用户采购认知相对固定，要培养用户习惯较难，用户对差异化功能感知度不高，销售渠道成本较高，在已有比较强势品牌的情况下相对难以获利
	年轻人市场	年轻用户对新鲜事物接受度高，对差异化功能有较高认知，愿意为新鲜事物付出溢价，相对比较容易做出差异化、客户群体高度接受的产品
	高端人群市场	高端市场品牌忠诚度高，技术要求高，虽然单件利润高，但一般企业在没有积累的情况下，较难获得客户认同并获利
	低端市场	低端市场毛利低，但市场份额大，销售渠道多。在生产能力、资源有限的情况下进入其他市场利润更优，所以此决策不是最合理选择
价值主张	标签选择	以用户偏好为出发点总结用户需求，提出卖点。本内容偏营销方向，更多的是让学生总结凝练思路，不影响后续决策，主要供老师在实验报告中进行分析点评

3. 产品概念开发

产品概念开发计划是紧随产品研发计划的一个阶段，是一般产品设计开发过程的第 2 个阶段，主要涉及竞争对手分析、用户需求分析、价格及利润目标设定等知识，如图 6-5 所示。

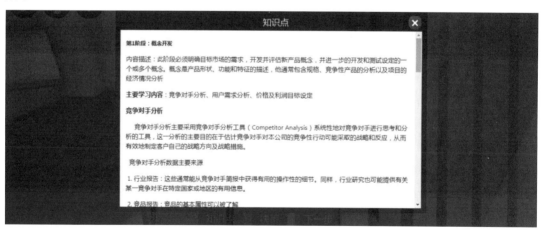

图 6-5 产品概念开发知识点

在了解该阶段所涉及的知识点后，可以单击"决策"按钮，进入产品概念开发决策环节。在决策环节，需要依次完成"竞争对手分析""需求标注""价格设定"3 个部分的实验内容并进行提交，如图 6-6 所示。

在"竞争对手分析"环节，学生需要更新每个公司的企业背景、市场信息等，并进行产品/服务比较等 SWOT 分析，如图 6-7 所示。

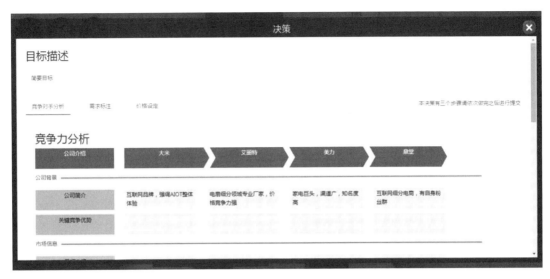

图 6-6　产品概念开发步骤

图 6-7　产品概念开发：竞争对手分析

在"需求标注"环节，需要针对所生成的产品进行功能分析。通过选择功能名字来模拟对产品概念模型的需求标注行为，如图 6-8 所示。

"价格设定"环节主要是确定市场终端定价与目标市场的产品毛利率。在产品概念开发实验步骤中，直接设定市场终端价格和目标毛利率，填写完毕后单击"确认提交"按钮，如图 6-9 所示。

产品概念开发阶段的实验目的是掌握竞争对手分析方法，应用竞争对手分析结合市场数据分析比较竞品特性，以进一步明确产品基本概念，包括标定产品功能、销售价格及成本控制目标（Pfeifer，2009）。合理分析和标定产品面临的市场环境，包括竞争对手分析、基本用户需求分析、用户对定价的接受范围，结合产品全生命周期，计算合理成本设定，该阶段的决策选项说明如表 6-2 所示。

图 6-8　产品概念开发：需求标注

图 6-9　产品概念开发：价格设定

表 6-2　产品概念开发阶段的决策选项说明

决　　策	选　　项	选项说明及仿真结果
竞争对手分析	关键竞争优势	合理梳理主要竞争企业各自优势
	目标市场	梳理竞争企业在各细分市场的地位，主打目标市场
	市场份额	通过数据信息分析竞争公司能力与渠道
	市场策略	分析竞争企业策略（本实验聚焦产品设计，因此局限于产品调性方案、产品功能策略、产品定价策略，忽略市场营销策略）
	功能分析（4项）	按功能模块梳理竞争对手的产品细节，分析竞争对手功能设定
需求标注	选择需求	需求可分为功能性需求与激励性需求。功能性需求存在是否满足发展程度的问题。激励性需求是让用户感到兴奋的需求，可以极大地刺激用户购买产品。功能选择需要同时与竞争对手比较，更需要从激励用户的角度思考有无激励性功能需求，加入可能性尽可能提升用户的购买欲望

续表

决　　策	选　　项	选项说明及仿真结果
价格设定	销售价格设定	产品价格设定是影响企业利润的重要因素，也是企业最难的决策问题。在有竞争的市场上，除了考虑产品的用户效用，也要考虑竞争对手，结合产品生命周期合理设定初始价格。本实验聚焦产品设计，不考虑或简化考虑产品生命周期中价格调整、组合定价、渠道费用等额外费用，只作为后续研发设定产品功能等的重要约束条件
	毛利率设定	产品研发目标是利润，合理的利润率设定决定了产品成本限制，对功能设计、产品生命周期利润具有重要影响

4. 产品系统设计

产品系统设计是产品设计开发过程的第 3 个阶段，相关知识点为质量功能展开（quality function deployment，QFD）。质量功能展开是一种产品开发方法，由于产品开发一般要经过概念开发/产品规划、产品设计和开发、过程设计和开发及试生产/生产 4 个阶段（赵武等，2007），因此在使用质量功能展开时，通常采用与之对应的四阶段展开模式，即产品规划、零件配置、工艺设计和生产控制 4 个阶段，如图 6-10 所示。

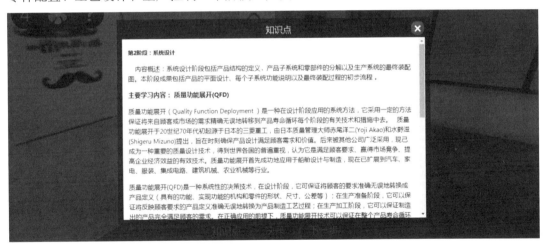

图 6-10　产品系统设计知识点

单击"决策"按钮进入"用户需求—功能特性"一级质量屋的构建决策界面。在该决策中，需要根据产品概念设计，进行"用户需求"与"功能特性"的关联度分析，如图 6-11 所示。

在用户需求与功能特性的质量屋矩阵框架中，左侧一列为用户的各种需求，顶部为所供产品的各项功能特性。通过质量屋矩阵，可计算出产品各功能特性的用户需求重要度相对权重（刘鸿恩，张列平，2000）。然后针对产品的每项功能特性，分别用各项用户需求重要度与对应图形的得分相乘，将所得分数相加后得到绝对权重。

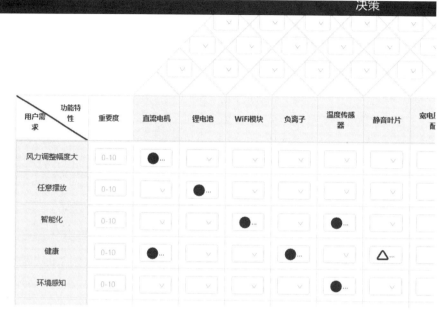

图 6-11 "用户需求—功能特性"质量屋

很多时候，一个用户需求可能会与多个功能特性发生关系，并且这些关系的强弱会随着需求的不同而不同。在质量屋中，这些强弱关系由特定的符号或数字来表示。在关系性矩阵中：●表示强关系，分值为 9 分；○表示中等关系，分值为 3 分；△表示薄弱关系，分值为 1 分；空白为完全无关，分值为 0 分。

功能特性的相对权重=本项功能特性的绝对权重/所有功能特性的绝对权重之和。功能特性的相对权重也被解释为该项功能特性排名的相对重要性。

在完成功能特性相对权重计算后，实验系统会默认列出优先级特性列表，这时可以根据这个优先级特性列表进行功能选择。已完成产品系统的功能设计如图 6-12 所示。

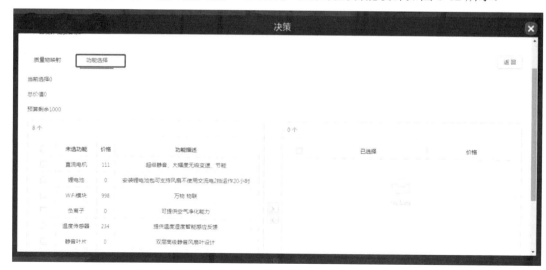

图 6-12 产品功能选择

产品系统设计阶段的实验目的是掌握质量功能展开（QFD）方法论，应用本方法论对产品功能与功能部件进行映射，最终确认产品设计。根据产品标定的功能需求进行零部件功能化映射选择，该阶段的决策选项说明如表 6-3 所示。

表 6-3　产品系统设计阶段的决策选项说明

决　　策	选　　项	选项说明及仿真结果
功能映射	顾客要求	通过上一步用户画像做出的客户需求排序
	产品技术需求	根据用户需求确认
	重要性	功能对客户重要性评价
	目标值	权衡业界水平来设定目标参数
零部件选择	零件选择	根据产品技术要求选择功能部件，选择后系统自动计算汇总成本。成本应控制在前导步骤的总成本之内

5. 产品细节设计

在完成产品系统设计后，一般需要进行产品细节设计，这是产品设计开发过程的第 4 个阶段，涉及的知识点是价值工程，如图 6-13 所示。

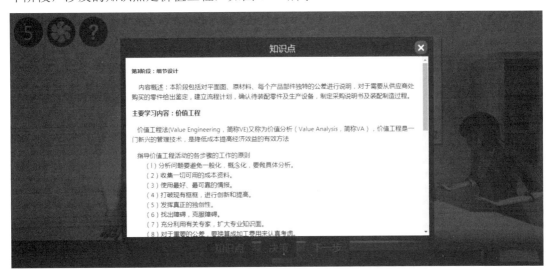

图 6-13　产品细节设计知识点

单击"决策"按钮进入产品细节设计决策界面。在产品细节设计中，可以对产品设计环节中所确定的功能进行重新修正，如图 6-14 所示。例如，需要选择或替换组件时，可以重新进行功能选择，完成后单击"确认并完成"按钮即可。

产品细节设计阶段的实验目的是理解价值工程意义。在不影响技术功能质量指标的情况下运用价值工程逻辑调整产品设计，控制成本；在满足基础计数要求的情况下，通过价值工程方法降低产品生产总成本（零部件、加工过程、售后服务）。产品的研发决定了 70% 以上的制造成本。产品制造费用包括物料成本、直接人工成本、制造费用（本处对后两项费用简化抽象为加工工时，工时越短摊销的单位工人工时和折旧费用越低）以及售后费用

（取决于质量设计），该阶段的决策选项说明如表 6-4 所示。

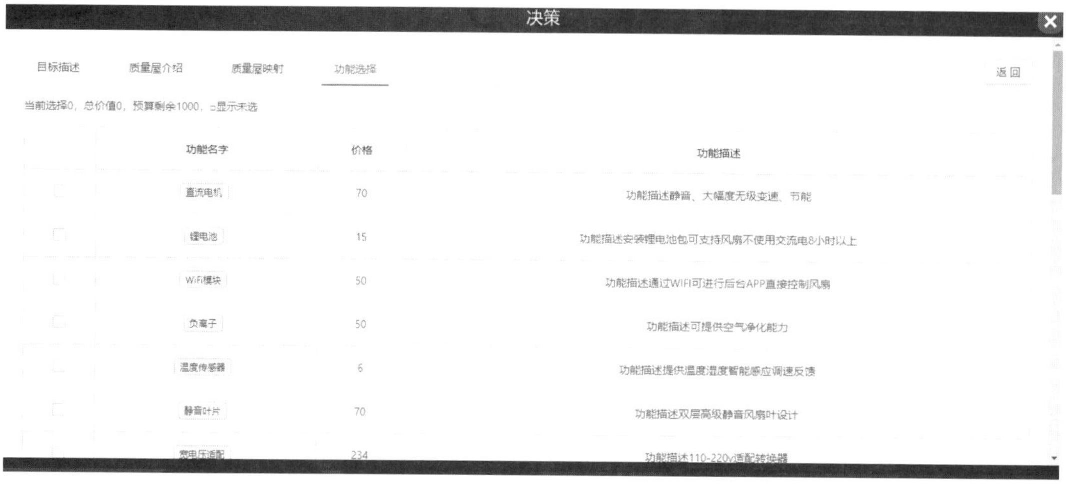

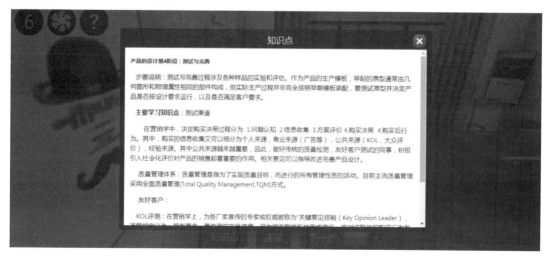

图 6-14　产品细节设计：功能调整

表 6-4　产品细节设计阶段的决策选项说明

决　　策	选　　项	选项说明及仿真结果
零部件替换	物料成本考虑	批量制造，控制单位物料成本
	加工工时考虑	抽象的直接人工和制造费用。工时越短摊销成本越低
	质量考虑	综合考虑提高质量对制造成本与售后费用的均衡点

6. 产品测试与完善

产品设计开发过程的第 5 个阶段是产品测试与完善，涉及的知识点是测试方式、测试评价与完善，如图 6-15 所示。

图 6-15　产品测试与完善知识点

单击"决策"按钮查看本次测试的来源、反馈内容、原因及方案和成本变化，最后决策，单击"确认并完成"按钮，如图 6-16 所示。

图 6-16　产品测试反馈

产品测试与完善阶段的实验目的是理解客户如何认知产品（商业渠道、个人经验、公共渠道、直接体验），理解消费者参与对产品研发的价值。与用户共建合理反馈渠道并形成更高的忠诚度。产品试生产后接受渠道、KOL、友好客户的反馈，根据用户的建议进行合理的优化和改进，该阶段的决策选项说明如表 6-5 所示。

表 6-5　产品测试与完善阶段的决策选项说明

决　　策	选　　项	选项说明及仿真结果
渠道选择	质量部	质量部主要按照设计质量要求进行质量反馈（如耐用性），对功能是否符合客户预期无法判断
	KOL（关键意见领袖）	用户获取信息通过商业来源（广告、商场体验）、公共来源（KOL属于网络公共来源）、个人来源（亲友推荐）和经验来源（对品牌认知等）。KOL 对各类客户感知商品特性影响较广
	友好客户	友好客户群体往往是从目标人群中选出的，对人群需求反馈准确，可较好地识别激励性功能是否到位、一般性功能是否有缺失，但难以反馈质量问题
	销售渠道	销售渠道包括网络商场平台、大卖场。销售反馈主要在其历史经验的基础上，对一般性功能有较好判断，但对激励性功能判断不足
功能修改	用户反馈意见	系统根据学生决策自动反馈意见，包括需求不满足、需求不匹配、质量不合格等问题
	修改产品设计	选择更改或不更改，更改将导致成本改变

7. 产品正式生产

投入生产是产品开发过程的最后一个阶段，也是实验的最后一步，如图 6-17 所示。

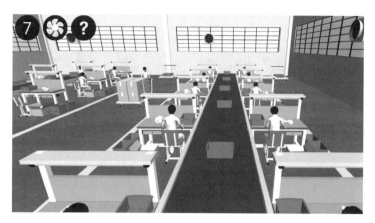

图 6-17　产品正式生产

6.3.3　实验安排与教师端操作

1.　课程安排建议

本课程作为创新创业公选课内容，建议用 2 课时讲授，讲解顺序为知识点讲解、案例导入、实验流程学习、自主探索，最后进行集中点评。在面向专业学生时（创业学、运营管理），建议采用 3 课时讲解。

2.　教师端实验操作

1）登录系统

通过网址 http://www.suitanglian.com/进入"随堂练在线实验平台"，单击"登录"按钮，进入登录界面，如图 6-18 所示。输入手机号/邮箱、密码、验证码，进入实验教学界面，如图 6-19 所示。

图 6-18　登录界面

图 6-19　实验教学界面

2）班级管理

选择"我的班级"选项进入班级管理界面，如图 6-20 所示。单击"新增班级"按钮，在图 6-21 所示的界面填写班级名，导入学生名单，单击"提交"按钮完成新增班级操作。在班级管理界面单击"学生"按钮可以查看学生名册，单击"修改"按钮可以修改班级名称，单击"删除"按钮可以删除班级。注：学生名单必须按照规定模板导入。

3）实验管理

（1）进入实验。

在实验教学界面选择"我的实验"—"运营管理"选项卡，然后进入实验管理界面，如图 6-22 所示。对实验进行相关设置，完成实验班级选择后，单击"开始实验"按钮（有"正在授课实验"时，单击"新开实验"按钮）进入产品设计实验控制端界面，如图 6-23 所示。

图 6-20　班级管理界面

图 6-21　导入学生名单

图 6-22　实验管理界面

图 6-23　产品设计实验控制端界面

（2）实验知识点和规则讲解。

在产品设计实验的控制端界面，选择"实验知识点和规则"选项卡，可详细查看和了解该实验的相关知识点和规则，如图 6-24 所示。

图 6-24　实验相关知识点和规则

（3）学生实验入口。

学生端可通过网址 http://www.suitanglian.com:80/#/studentLogin/ydt 进入，也可以通过扫描二维码进入，如图 6-25 所示。

图 6-25　学生实验入口

（4）教师实验管理。

在产品设计实验的教师控制端，选择"实验进度"选项卡，可查看学生状态以及学生当前决策环节，如图 6-26 所示。

图 6-26　查看学生实验进度

6.4　实验知识点

1. 产品开发流程

企业从产品构思、产品设计到商业化过程中的一系列步骤或活动，称为产品开发流程，其过程一般包括 6 个阶段：计划、概念开发、系统水平设计、细节设计、测试和改进、产品推出。流程的入口是对产品任务的陈述，出口则是形成商业化的产品（胡树华，1999）。

2. 研发概念设计

通过竞争对手分析方法对竞争公司背景、市场情况、产品特性进行对比分析后制定产品特性。

3. 研发系统设计（质量屋 QFD 需求功能映射）

应用质量屋方法对用户需求和产品功能进行映射，结合成本预算方案确认产品所应具备的功能组合。

4. 研发细节设计（价值工程）

应用价值工程理论进行产品设计优化，通过对产品功能质量要求、产品成本、工序进行分析，综合选出满足设计要求综合成本最低的工艺及物料方案（陈起俊，王艳艳，2005）。

5. 研发测试完善（测试与分销渠道）

根据测试与试销等渠道测试反馈，针对反馈问题进行调整和优化。

6. STP 营销战略

STP 中的 3 个大写字母分别是指市场细分（segmenting）、市场目标（targeting）和市场定位（positioning），是市场营销战略的三大核心要素（贾艳梅，王军，2013）。市场细分是指在市场调研的基础上，针对目标消费者的消费需求、消费倾向、行为习惯等方面的特征进行分析，并依据特征把消费者划分成若干消费群体的市场分类过程；这些具有特定共同点的消费群体，便是目标市场；而市场定位则是指企业针对目标消费群体或潜在消费群体，进行营销设计、产品品牌形象构建，或对消费者进行个性特征锚定宣传，以获取竞争优势。

7. 价值工程原理及特点

价值工程是将技术与经济原则相结合的现代工程管理概念，是以产品功能分析为核心，用最低成本实现必备产品功能，从而提高产品价值的一种有组织、有计划的创造性活动和科学管理方法（王毅等，1999）。价值工程涉及价值、功能和寿命周期成本 3 个基本要素，它具有以下特点：第一，成本最低目标；第二，以工程功能分析为基础；第三，改革与创新相结合。

8. 质量功能展开（QFD）

质量功能展开是一种产品开发方法。由于产品开发一般要经过概念开发/产品规划、产品设计和开发、过程设计和开发及试生产/生产 4 个阶段，因此在使用质量功能展开时，通常采用与之对应的四阶段展开模式，即产品规划、零件配置、工艺设计和生产控制 4 个阶段，各个阶段均要建立质量屋，且各阶段的质量屋在内容上均有着内在的联系（Mehrjerdi，2010）。也就是说，上一个阶段的质量屋中"屋顶"的主要项目将转换为下一阶段质量屋中左侧的项目，即上一阶段的输出是下一阶段的输入，由此构成了瀑布式的分解过程。质量屋每个阶段的质量功能展开过程如下。

（1）产品规划阶段的质量功能展开，用于指导产品的总体方案设计，它的输入是顾客需求，输出是关键质量特性及目标（马永斌，郁雯珺，2022）。

（2）零件配置阶段的质量功能展开，用于指导产品的详细设计，产品规划阶段的输出是该阶段的输入，其输出是关键零件的特性及目标。

（3）工艺设计阶段的质量功能展开，用于指导工艺方案的编制，其作用是实现设计阶段到生产阶段的转换，它的输入是零件配置阶段的输出，输出是高重要性的工艺变量及目标。

（4）生产控制阶段的质量功能展开，用于实现生产波动的最小化，它的输入是工艺设计阶段的输出，输出是生产要求，如操作程序、控制计划等。

6.5 实验点评与解读

1. 结果结论

产品设计实验中研发计划、概念设计、系统设计、细节设计，以及测试完善这5个阶段的实验决策要点、可能的实验结果以及实验步骤相关结论如表6-6所示。

表6-6 产品设计实验的决策要点

序 号	实验模块	可能的实验结果	实验步骤结论
1	研发计划	产品规划与公司能力及市场地位是否匹配。不同选择可能导致目标客户人群匹配、不匹配或部分匹配，并且受目标客户群体规模、单品利润空间及细分领域竞争对手因素共同作用，最终影响企业的获利情况	在供过于求时代，不存在单一产品满足所有客户需求，产品只有满足特定细分市场客户需求并与公司能力匹配才能有更好的获利空间。基于STP定位理论进行产品研发和目标群体设定是研发成功产品的基础
2	概念设计	分析目标客户群体需求及竞争对手情况后，设定产品需要满足功能需求及产品价格，设定的不同导致目标客户需求满足度和价格满足度不同，进而影响后续产品系统设计，导致不同的后续功能设计及客户功能满足度	关注客户群体需求甚至个性化定制需求是服务型制造的核心要素。不同客户需求不同，竞争对手也有差异，竞争环境中找准产品定位是研发决策的核心要素
3	系统设计	根据概念设计中的成本、功能需求，将用户需求与实际产品功能对应，不同的产品功能选择将影响客户后续购买意愿，导致订单量不同	应用合理的方法、工具规范将目标用户需求映射到产品功能上是精益化产品设计的核心，可以避免功能缺失或因添加不必要、多余的功能而增加成本
4	细节设计	在满足功能质量的情况下通过调整生产物料优化生产工艺。不同的决策将导致不同的产品生产及服务成本（物料成本、加工时间、可靠性导致的售后成本）	在达成设计技术质量指标的条件下应用价值工程（VE）方法进行优化，可在保证设计指标的情况下有效降低物料成本，简化工艺复杂度，从产品源头设计，最终提升整体利润
5	测试完善	从多种测试渠道（质量部、KOL、渠道商、友好客户等）的产品使用反馈中分析出需要调整完善的功能或质量特性。不同的调整方案将导致不同的客户购买欲望及口碑	产品研发服务于客户，产品测试不应局限于内部，公共渠道（KOL，渠道商，友好客户）测试和反馈意见对产品完善、推广及参与感提升、新时代客户做出购买选择具有重要价值

2. 分析内容

1）产品设计的基本原则

产品设计开始之前，我们需要充分了解产品的相关要求和原则，在设计过程中灵活运用，才能做出用户满意的产品，主要包括以下原则。

（1）需求原则：产品的功能应源于目标用户的需求，这是产品功能设计的出发点。忽视目标用户的客观需求，必将导致最终产品的积压和资源浪费。要注意的是，客观需求又分为显性需求和隐性需求。显性需求的满足，能够促进产品的不断改进、升级、更新、换代；而隐性需求的开发，则会促成创新性的产品开发。

（2）创造性原则：通过突破性的技术创新或设计，打破传统观念和思维惯例的束缚，创造发明出结构新颖、原理独特的产品。

（3）语义性原则：运用构造、造型、色彩等元素来表达产品存在的依据。

（4）美学原则：外观设计要新颖、大气，让人耳目一新、过目不忘。

（5）简洁原则：在满足产品功能的前提下，应采用极简化设计，以降低成本、简化用户的使用。

2）产品设计的构成要素

产品设计体现了一个国家乃至整个社会的经济、文化和科技水平。除了强大的功能性做后盾，一个好的设计还需要在生产制造的过程中考虑成本、效率以及技术手段的优化，从而使产品在市场经济的环境下体现出优越的竞争力（Perlis，2004）。产品设计中的构成要素包括以下几点。

（1）产品功能。产品功能是产品的价值基础，不同的产品都有各自不同的功能，根据功能性质可以分为物质功能和精神功能，对于不同的产品，这些功能的优先级和重要性是不同的。

（2）产品形式。产品形式是指整个产品在二维或三维中的形状设计。产品外观的设计应符合人们的审美需求。当然，影响产品外观的因素很多，例如产品的结构、材料、形状、颜色和加工工艺等。

（3）材料和技术条件。任何产品的开发和制造都离不开物质和技术条件的支持，具有相同功能的产品，因其不同的材料结构、加工工艺、生产技术，会形成完全不同的产品概念。

无论是产品功能，还是形态上的创新，对于工业产品，都是不可或缺的。其中功能要素在产品设计中起主导和决定性作用。形态因素是产品设计的形式。产品的每一个元素都是相互关联、和谐的（Subrahmanian，2000）。产品设计的三大要素往往相互交织，共同促进产品的更新和发展。

3）产品设计分类

产品设计是指设计一款能够给消费者带来帮助或者代替劳动的产品。产品是根据客户的需求进行设计的，产品设计内容主要包括：性能、结构、规格、型号、材质、内外质量、使用寿命、可靠性和使用条件等。设计产品前，首先要了解产品的用途和功能，再者就是功能和工艺。产品设计分为6种类型：① 产品结构设计；② 产品外观设计；③ 产品功能设计；④ 产品包装设计；⑤ 产品工艺设计；⑥ 产品广告设计。

6.6 附 录

产品设计实验的成绩评价规则如表 6-7 所示。

表 6-7 产品设计实验的成绩评价规则

步骤序号	步骤目标要求	步骤合理用时	目标达成度	步骤满分
1	根据市场调研报告分析客户群体，并应用 STP 理论定位目标客户群体和价值主张	5	根据报告选择合理目标市场（6 分），提出价值主张（4 分）	10
2	掌握竞争对手分析方法，结合客户需求分析报告，明确产品功能、价格设定及成本控制目标	10	完成竞争分析（4 分，完整填写，少一格扣 1 分，直到 0 分）；标注目标客户需求（10 分，根据后台模型检测匹配情况，错误 1 项扣 1 分，遗漏不扣分）；设定产品目标价格与毛利率（6 分，根据匹配模型推算，不填 0 分）	20
3	掌握应用质量功能展开方法论（QFD）进行产品功能选择	10	正确完成质量屋需求与功能映射（10 分，错 1 项扣 1 分，直到 0 分）；完成功能选择（5 分）	20
4	理解价值工程意义，在不影响技术功能质量指标的情况下运用价值工程逻辑调整产品设计控制成本	10	应用价值工程改善，每改善 1 项得 2 分，满分 20 分	20
5	理解销售渠道，第三方评价，客户参与价值，对评价反馈优先级	5	正确处理 1 个问题得 1 分，（满分 10 分）；提交正式生产意向订单量（满分 10 分，未达标按比例扣分）	20
6	仿真产品推出反馈情况	2	产品带来的经营绩效	10

第 7 章

创业管理决策：沙漠掘金

创业者在有了好的创业机会、一定的资源，详细分析了客户并推出产品和服务后，如何在日常经营活动中合理制订目标，并围绕目标合理分工，充分运用已有资源做好经营策略，与此同时还要控制风险，这需要创业者对创业目标、团队合作、创业资源以及创业风险等有深刻的认识。管理就是计划、组织、指挥、协调、控制。只有理解如何进行管理、如何做好管理，才能让有着不错创意和机会的创业企业在竞争中立于不败之地。

沙漠掘金最早由加拿大某公司开发，是一款经典的情景模拟体验式游戏化实验。沙漠掘金设计了一个角色扮演的真实游戏场景，让参与者以角色的身份真实参与其中。该游戏化实验以管理思想为引导，使参与者善于综合思考；以实际案例为示范，使参与者掌握管理技巧；参与者在学习过程中，理解不同部门为何会产生误解和矛盾，学会如何更好地沟通、配合，从而有效提升组织协调能力；在亲身经历、模拟经营、体验互动中，参与者通过彼此交流得到更深的体会；进行有效沟通，团队建设得以强化，组织凝聚力得以加强。90%的参与者认为沙漠掘金与自己平时的行事方法吻合度极高。因此本章通过沙漠掘金模拟游戏，让参与者在游戏中感知团队认知、团队协作和资源配置对结果的影响，从而深刻体会到为达成目标所进行的计划制订、组织协作与行动控制的重要性。

7.1 实 验 目 标

沙漠掘金是一个游戏化的决策实验，当团队运作中出现人员合作、沟通、竞争、压力及冲突等问题时，用于深度挖掘、分析和找到解决方法。企业的决策者每天都会面对企业经营中出现的各种问题。例如，市场环境的突变、个性迥异的员工之间的相处合作、企业运营中的各种突发状况等。此外，还要思考如何做好一个企业航行的舵手，把握准确的方向；如何有效协调各部门之间的分工；如何从纷繁复杂的各种信息中搜寻、提取市场反馈；如何化危为机、克服各种困难与发展瓶颈等。

学生在游戏化实验的体验过程中感知、发掘出团队做好目标设定及目标管理的重要性，在不断的试错中感知资源的不当使用对团队带来的负面影响。最终实现提升学生对目标选择重要性的认识，培养学生精益求精、追求卓越的理念；提升学生的计划能力，领悟计划的价值；使学生深切体会以效果为导向做计划的重要性；提升学生的团队协作、群体决策能力；提升学生的资源配置能力，使学生进一步明确资源的定义；使学生厘清行动和产出的关系，学会如何更聪明地做事，直击重心；提升学生的变化管理能力、危机处理能力。

通过参与沙漠掘金实验，提升参与者的思考力，促进其认知升级，并帮助其在工作中做出理性和科学的决策，学以致用。"凡事预则立，不预则废。"通过沙漠掘金仿真实验对现实竞争的模拟，促进学生深刻认识实际行动之前，综合利用各种资源和信息进行数据模拟的重要性。该虚拟实验对现实创业经营的一点重要启示，是利用计划做好各项前期准备工作。

7.2 实 验 要 求

该实验可用于经管类或创业零基础培训，也可用于完成创业管理对应章节后的综合实训。在零基础的培训中，学生主要通过实验体验计划、协调与目标管理等企业经营基本职责，以及资源的运用与风险的识别。在综合实训环节，学生应掌握创业管理所有章节的知识。从企业战略目标制订、计划方案编制、风险控制、方案执行与监控的高度，对所学创业企业管理知识进行综合运用；学生对可能出现的计划、组织、沟通、控制等问题进行深度挖掘，让问题在不知不觉中显现出来，发掘问题的实质，从而亲身体会公司的问题所在，并找到解决方法。

7.3 实 验 内 容

本实验包含 3 个部分：沙漠掘金实验的背景介绍以及实验和规则说明；实验开启、进度控制等教师端的操作说明、学生端各实验步骤说明以及相关知识点介绍。

7.3.1 背景介绍

有一批探险家来到沙漠深处，在里面发现了一座金山，他们挖出很多金子，但是由于一些神秘的原因，他们没有顺利回来，成为淘金者口中的传说……很多探险者都知道这个消息。后来，一批又一批的探险者前来掘金，大部分人都无功而返，高温、缺水、沙漠风暴、一望无际的沙漠，这一切会再一次吞噬探险者的生命吗？让我们拭目以待……这是一场勇敢者的游戏，你需要跟你的团队共进退，进入神秘、浩瀚的沙漠，获得最多的金子和财富。你们还有很多竞争者，他们也知道这个事情，谁才是真正的赢家？成为沙漠之王还是继续平庸的生活在此一举！最重要的是：活着把金子带回来！

1.　实验说明

建议 5～6 个小组参加，每个小组由一名队长、一名谈判员、一名情报员、若干名记账员以及若干名普通成员组成。队长负责统领全局，下达命令。谈判员负责和其他组进行谈判，可以与他们进行交易或者达成合作协议。情报员则负责收集其他组的情报。记账员负责统计每天的水、食物、帐篷、指南针等物资的消耗，以及所剩金钱负载空间等。普通成员则一起参与讨论。

所有小组统一从大本营出发，可以选择任意的方向前进，每次行进一个格子，必须是相邻的格子。出发前可以用金钱购买水、食物、帐篷和指南针等物资，但是总载重量不得超过骆驼的载重上限。

地图上一共有 5 种方格，分别是沙漠、绿洲、皇陵、村庄和金山：可以从绿洲免费获得水；可以到村庄购买水和食物，但是价格都比大本营要贵一倍；可以在金山挖金币，但是到达金山的第 1 天是不能挖金币的，即只能从第 2 天开始挖金币；沙漠没有什么功能；皇陵的功能不公开。每种方格的天气都是不确定的，一共有 4 种天气，分别是晴天、高温、沙尘暴，以及沙尘暴加高温。不同的天气会消耗不同数量的物资。

每到达一个方格后，系统会公布这个方格当天的天气，并根据每个小组所在方格的天气，按照要求减去所消耗的物资，如果消耗完物资后，水或者食物的数量为 0，就会死在当下的这个方格内，死了的队伍的金币会留在当下的方格内，其他队伍可以到这个方格里拾金币，但不能拾取他们的物资。

在返回大本营之前，所有小组的所有物资（包括金币）都可以进行交易。从大本营出发之前可以选择进行一次天气预测，如果选择进行一次天气预测，则要在大本营逗留一天，第 2 天才可以出发。每个队伍从大本营出发，走向金山，在金山挖取金币后返回大本营，也可以选择不挖金币，和别人交换。金币在返回大本营后进行兑换，兑换后再加上本组剩余的钱（物资不能折算成钱），就是本组的最后钱数，系统根据钱数来排名。

结算的顺序是先到达方格，然后裁判公布当天的天气，各组结合当天的天气进行物资消耗，消耗完之后如果食物或水不是零，就可以和其他组进行交易。在金山也是先消耗水和食物再挖金币，在绿洲也是先消耗水和食物再补给水，在村庄也是先消耗水和食物再购买水和食物。

2.　规则说明

在本实验中，学生需要扮演不同的角色组建团队，从大本营出发，一起到沙漠深处的大山挖掘黄金，途中可能会因为天气原因而断粮断水导致死亡，学生要做的就是在保证活着的前提下带着尽可能多的黄金回到大本营。因此需要队友团结协作、随机应变、合理分工、群策群力，利用所拥有的资源及团队的聪明才智，在 25 天之内从大本营出发到大山里挖掘尽可能多的金子，并返回大本营，最终兑换现金最多的掘金团队为优胜队。最后根据队伍的资金情况评价成绩，资金包含未使用的初始资金和兑换资金。具体规则如下。

- ❑ 探险队从大本营出发，开始沙漠掘金之旅。每支队伍所处的条件相同，他们经过的地方有大本营、沙漠、村庄、绿洲、金字塔、皇陵。每次前进只能走当前相邻格子或不移动。整个行程不超过 25 天。

- ❑ 每支队伍出发前都有 1000 元资金可购买物资，队伍配有一只骆驼，它的最大负重是 1000 斤。

- ❑ 大本营有市场，可以购买各种物资，所有物资中途不可以丢弃。

- ❑ 出发前有 30 分钟的决策时间，出发后决策时间为 5 分钟，到时间没有行动的队伍，只能在原地停留 1 天。

- ❑ 不同天气情况下消耗食物和水的量各不相同。沙尘暴和沙尘暴+高温天气会导致迷路，但使用帐篷或指南针可以避免。

- ❑ 一顶帐篷在整个行程中可用 3 次，一个指南针只能用 1 次，相关资源只能在大本营购买。

- ❑ 大本营有神秘老人，他对天气变化了如指掌，可以向他问任意 3 天的天气，但需要花 1 天陪他聊天。

- ❑ 在村庄，探险队可以买到水和食物，其价格比大本营贵 1 倍。村庄无法买到帐篷、指南针。

- ❑ 在绿洲，探险队可汲取免费的水并在骆驼负重许可的情况下带走。

- ❑ 在皇陵，探险队会随机遇到不确定事件，相关事件可能是好事，更可能是坏事。

- ❑ 每一天物资先消耗后补给，缺水或缺食物（消耗为 0），整队当天死亡。

- ❑ 到达金山当天休息，第 2 天起才可以挖金子，每天可挖 50 斤金子。

- ❑ 不能用挖回来的金子在途中购买物资，只能带回大本营交换现金。

- ❑ 处在同一位置的不同团队可以进行以物易物的交易。

- ❑ 根据返回顺序，金子兑换价格为：第 1 队每斤 100 元，第 2 队每斤 90 元，第 3 队每斤 80 元，第 4 队每斤 70 元，之后的队伍为每斤 60 元。

3. 物资消耗

在沙漠掘金实验里，共有 4 种基本物品可供选择，分别是水、食物、帐篷和指南针，每种物品在不同天气情况下的消耗和作用有所差异：晴天消耗 1 罐水 1 份食物；沙尘暴天气下使用帐篷消耗 1 罐水 1 份食物，不使用帐篷消耗 2 罐水 5 份食物，并且可能会导致迷路；高温天气下消耗 3 罐水 1 份食物；沙尘暴+高温天气下使用帐篷消耗 3 罐水 1 份食物，不使用帐篷消耗 4 罐水 5 份食物，并且可能导致迷路；迷路会在当前位置停留 3 天，按照响应天气进行物资消耗，如表 7-1 所示。

表 7-1 物资消耗规则

物品	价格/元	重量/斤	晴天	沙尘暴		高温	沙尘暴+高温		迷路
				使用帐篷	不用帐篷		使用帐篷	不用帐篷	迷路会在原地
水	20	50	1	1	2	3	3	4	停留 3 天，按对
食物	10	10	1	1	5	1	1	5	应天气消耗
帐篷	400	60	防止迷路，保护食物，1 顶帐篷可以使用 3 次（不能抵挡高温）						
指南针	100	10	防止迷路，1 个指南针使用 1 次（不能抵挡高温）						

4. 实验时间安排

实验之前，可用 10～20 分钟介绍沙漠掘金，讲解基本规则；然后学生进入系统，用 30～40 分钟"组队+详细了解规则+制订掘金计划"；正式开始实验后，最好每隔 5 分钟左右进入下一天；按课程安排，教师自行决定要进行几天，系统内置天数为 25 天；实验结束后，教师和学生进行互动提问，学生反思整个实验，教师进行实验分析。如果课时允许，可以进行第二轮实验，让学生带着第一轮的思考重新制订掘金计划并执行；第二轮实验，学生制订计划时间在 40 分钟左右，进入下一天的时间为 2～3 分钟。

7.3.2 学生端实验操作

1. 学生任务

每支队伍从大本营出发，带着装备前往金山挖取金子并活着返回大本营。实验过程中，学生需要进行 3 个方面的决策：① 根据初始资金情况，确定出发前所需购买的各种装备及数量；② 根据探险地图情况评估各种线路收益及风险，规划自己的小队前往金山的前进路线与返回路线；③ 根据前进过程中遭遇到的天气情况与物资消耗情况，实时调整行进策略，以确保任务成功。

2. 实验准备

1）登录实验

登录实验后，首先需要选择是否进入沙漠掘金实验的引导过程。如果要开启引导，通过与 NPC 进行背景对话了解实验情况，可单击屏幕右下方的"请引导"按钮；如果对实验背景、规则等比较熟悉，则可以单击"不用了"按钮跳过引导模式，如图 7-1 所示。

2）引导模式

在引导模式中通过与 NPC 对话，对小队的初始资金、最大载重、日常消耗等情况进行了解，如图 7-2 所示。

在引导模式中通过与 NPC 对话，了解前往金山途中可能会经过的地形信息，了解可以免费补水的地形和可以补充物资的地形等必要信息，如图 7-3 所示。

图 7-1　引导模式选择

图 7-2　初始资源介绍

图 7-3　地形情况介绍

在引导模式中通过与 NPC 对话，了解前往金山掘金途中可能会遇到的天气情况，如

图 7-4 所示，以及获取天气预报信息的途径说明，如图 7-5 所示。

图 7-4　天气情况介绍

图 7-5　天气预测信息获取途径

在引导模式中通过与 NPC 对话，可以了解市场物资供应情况，以及各物品在不同地点的价格差异情况，如图 7-6 所示。

图 7-6　市场特点介绍

3）掘金体验

引导模式完成后，一般建议学生在正式实验之前进行一次或多次实验体验，以更好地熟悉实验流程、实验操作和各种规则。掘金体验是非正式的实验过程，掘金体验结果不会影响最终实验结果，如图 7-7 所示。

图 7-7　掘金体验模式

4）编制预测计划

编制预测计划是本实验的一个计划建模推演环节，学生可以在实验之前用其进行线路规划和物资消耗推演，以便在实验中进行计划编制，如图 7-8 所示。编制预测计划可以让学生团队可视化推演最坏情况下（坏天气出现较多）、一般情况下（坏天气出现适中）和较理想情况下（坏天气出现较少）各种求生物资的消耗情况；帮助学生团队对具体行进路线、金山挖矿停留天数、出发时购买的物资及数量等各方面进行决策。

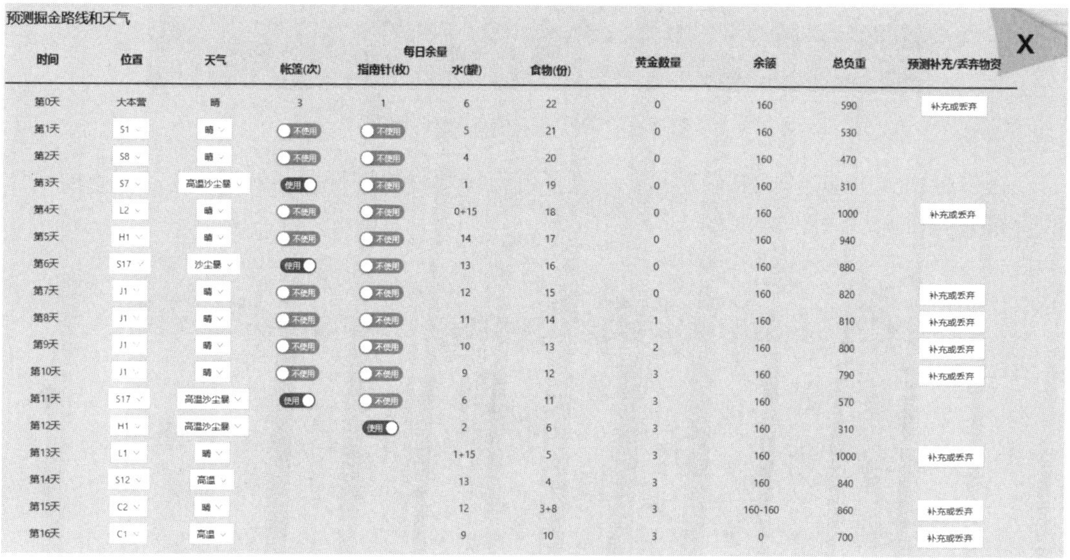

时间	位置	天气	帐篷(次)	指南针(枚)	每日余量 水(罐)	食物(份)	黄金数量	余额	总负重	预测补充/丢弃物资
第0天	大本营	晴	3	1	6	22	0	160	590	补充或丢弃
第1天	S1	晴	不使用	不使用	5	21	0	160	530	
第2天	S8	晴	不使用	不使用	4	20	0	160	470	
第3天	S7	高温沙尘暴	使用	不使用	1	19	0	160	310	
第4天	L2	晴	不使用	不使用	0+15	18	0	160	1000	补充或丢弃
第5天	H1	晴	不使用	不使用	14	17	0	160	940	
第6天	S17	沙尘暴	使用	不使用	13	16	0	160	880	
第7天	J1	晴	不使用	不使用	12	15	0	160	820	
第8天	J1	晴	不使用	不使用	11	14	1	160	810	补充或丢弃
第9天	J1	晴	不使用	不使用	10	13	2	160	800	补充或丢弃
第10天	J1	晴	不使用	不使用	9	12	3	160	790	补充或丢弃
第11天	S17	高温沙尘暴	使用	不使用	6	11	3	160	570	
第12天	H1	高温沙尘暴		使用	2	10	3	160	310	
第13天	L1	晴			1+15	5	3	160	1000	补充或丢弃
第14天	S12	高温			13	4	3	160	840	
第15天	C2	晴			12	3+8	3	160-160	860	补充或丢弃
第16天	C1	高温			9	10	3	0	700	补充或丢弃

图 7-8　预测计划编制

编制预测计划可以在掘金体验前，也可以在掘金体验后，单击主界面中的"笔记"按钮（见图 7-9）即可开始编制预测计划，包括实验目标设定、对每天掘金路线和天气的预测等。

图 7-9 大本营市场入口

3. 实验决策

1）物资购买

在进行探险之前，需要到市场购买探险物资。在大本营里单击市场区域，如图 7-9 所示，即可进入大本营市场。

在市场内，在初始资金、最大载重量两个条件的约束下，进行水、食物、帐篷和指南针 4 种求生物品的配置，如图 7-10 所示。

图 7-10 大本营市场物资采购

2）天气预测

如果想在出发前对规划路线中的各种地形（不超过 3 种）的天气进行预测，需要单击主界面中的"老人"NPC 进入，如图 7-11 所示。

在天气询问界面，可分别对第一天、第二天与第三天所选地形的天气情况进行询问，如图 7-12 所示。

图 7-11　天气预测信息入口

图 7-12　天气询问界面

单击主界面右下角的"信息"图标进入信息界面，并在信息界面中选择"老人信息"选项卡，可查看老人给出的天气预测结果，如图 7-13 所示。

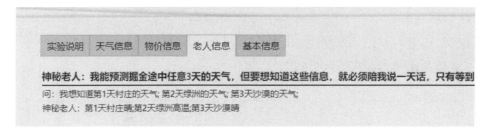

图 7-13　老人给出的天气预测结果

3）地图前进

学生完成计划编制和模拟推演，并到市场购买完求生物资以后，可以开始正式的实验。单击"地图"图标进入探险地图，如图 7-14 所示，拖动大本营的小人头像到前进的目标区域，下达前进指令。（注：每天只能进入一个相邻地区；濒临死亡时，可以进行求救，发出求救信息；如果不同团队处于同一个地区，可以进行交易。）

4）特殊天气

在掘金过程中遇到特殊的沙尘暴天气时，需进行求生决策选择："用指南针"、"用帐篷"或"不用硬刚"，如图 7-15 所示。如果求生资源中没有了指南针或帐篷，对应的决策选项将会变得透明（不可选择）。

图 7-14　地图前进操作

图 7-15　特殊天气决策

5）绿洲补水

沙漠掘金的地图中共有两处绿洲，当前进队伍到达绿洲后，可以免费补水，如图 7-16 所示。绿洲补水的数量将受剩余载重的约束，即补水数量×单位水重量+其余物资重量≤总载重量。

图 7-16　绿洲补水

6）金山停留挖矿

在金山停留挖矿是这个实验的目标，每在金山多停留挖矿一天获得的黄金数量就越多，队伍返回大本营后的成绩也就越高。而沙漠掘金实验的目标就是要尽可能用有限的资源，通过对前进路线的选择、初始物品配置、物资补充点的精心规划，确保在能活着回到大本营的前提下，尽可能多地在金山停留挖矿，金山停留挖矿操作界面如图 7-17 所示。

图 7-17   金山停留挖矿

7.3.3   实验安排与教师端设置

1. 登录系统

访问网址 http://www.suitanglian.com，打开系统后，单击右上角的"登录"按钮，进入用户登录界面，如图 7-18 所示。输入手机号/邮箱、密码、验证码，同时选择教师身份登录。

图 7-18   登录界面

2. 实验班级管理

登录后在界面左边选择"我的班级"选项，可以对班级进行管理，包括新增班级和管理当前班级，如图 7-19 所示。

图 7-19　实验班级管理

3.　导入学生名单

单击"新增班级"按钮，在新增班级界面可以通过 Excel 导入学生名单，如图 7-20 所示。

图 7-20　导入学生名单

4.　新开实验

进入沙漠掘金实验界面，单击"开始实验"按钮进行实验创建，并在实验参数设置界面完成相关参数的设置，如图 7-21 所示。

图 7-21　实验参数设置

5. 学生入口查看

设置好实验参数并开启实验后，会进入实验管理界面，在实验管理界面中选择下方的"实验入口"选项卡，可查看学生的实验入口二维码、实验链接和实验码等相关信息，如图 7-22 所示，学生可用手机扫码参与实验，或使用台式计算机进行实验。

图 7-22　实验入口查看

6. 实验进度控制

在实验管理界面中选择下方的"实验进度"选项卡，进入实验进度控制界面，如图 7-23

所示。在实验进度控制界面，可以看到所有实验队伍的信息，单击相应的"查看信息"按钮，可以查看当前队伍的生存物资剩余情况。

图 7-23　实验进度控制

在实验管理界面，系统默认进度为手动控制，即需要教师手动单击"下一步"按钮完成下一天的跳转。当然教师也可以单击"下一步"按钮后方的开关按钮，将实验设定为自动行进模式。

7. 实验队伍位置查看

在实验进度控制界面中，单击"其他展示"按钮还可以查看实验地图，即各个实验队伍所处的具体位置，每个队伍为一个小红点，如图 7-24 所示。

图 7-24　实验队伍地图位置

7.4 实验知识点

1. 体验式教学

创业管理与决策是创业中的一个关键环节，用于解决企业经营管理过程中面临的从产品的设计研发、原材料采购、生产安排到市场的开拓竞争策略和产品的销售报价，再到团队沟通、组织建设等各种决策问题。这些决策问题所需要的知识技巧，很大程度上都是难以显性表达的隐形知识。对于隐形知识的教学和传递，通常最有效的方法是进行体验式教学。有研究表明，通过阅读只能学习到所学习内容的 10%，通过听力能学习到 15%，而通过体验却能学习到 80%，并且效果持久。

体验式教学是教师通过精心设计的活动让学生体验或者对过去的经验进行再体验，并引导体验者审视自己的体验，积累积极正面的体验，使其心智得到改善与建设的教学方式（肖海平，付波华，2004）。体验式教学最大的特点是"寓教于乐"，一般会设计学生讨论、发言、动手实践等环节，这可以活跃课堂气氛。体验式教学涉及的问题、情景会跟现实生活相似，学生解决方案的对错优劣在短时间内能得到验证，这会激发学生的好胜心、吸引学生的注意力（张金华，叶磊，2010）。大学生通过在校四年的学习生活可以掌握多种能力，最重要的一种能力就是创新能力，而体验式教学可以提高学生的创新能力。体验式教学要解决的问题一般都经过严谨的设计，一般都很难，有些甚至是两难性的问题，这些问题很难轻易解决，学生必须敢于假设、敢于质疑、敢于想象、大胆推测、勇于尝试，才有可能成功解决问题。体验式教学强调学生主观能动性的发挥和自主学习能力的培养（王学东，2009）。在教学过程中，学生所有的决定都要经过自己的深思熟虑和团队的激烈讨论，无论最终团队是否采取自己的思路和方案，当教师把最优思路和方案公布出来的时候，都会在学生大脑中留下深刻的印记，所以教学效果更持久。

2. 创业关键职能

1）计划

计划是对未来趋势的预测，并根据预测结果建立预期目标，然后制订各种方案、政策以及突发状况下的应对举措等，以确保达到预期目标的具体步骤，从而保证组织目标的实现。

2）组织

组织一方面是指为了实施计划而建立起来的一种结构，该结构在很大程度上决定着计划能否得以实现；另一方面是指为了实现计划目标进行的组织过程（许德音，周长辉，2004）。例如，根据某些原则进行分工与协作，要有适当的授权，要建立良好的沟通渠道等。组织对完成计划任务具有保证作用。

3）控制

控制是与计划紧密相关的，它包括：制定各种控制标准；检查工作是否按照计划进行，是否符合既定的标准；当工作发生偏差时要及时给出信号，然后分析偏差产生的原因，纠正偏差或制订新的计划，以确保实现组织目标。

7.5 实验点评与解读

1. 合理分工，发挥团队力量

发挥团队的力量进行协作，是掘金团队取得好成绩的保障。其前提条件是将每名团队成员的专业能力和个性特征进行有机结合。

掘金团队成员的分工可以参考常见的创业团队分工的特征。例如，将团队成员分为如下角色。

（1）CEO（首席执行官）：负责团队的管理与组织决策。

（2）CFO（首席财务官）：负责团队的财务统计。

（3）COO（首席运营官）：标注并执行团队的行进路线，记录团队的决策过程。

（4）CMO（市场总监）：负责整个掘金过程的风险预测、市场评估以及负责市场采购。

（5）CIO（首席信息官）：负责信息统计，关注一切信息变化。

2. 审视资源，优化掘金策略

由于对市场信息掌握的不完整，创业经营和管理经验的不足，以及未能深入了解竞争对手等因素和资源的制约，初创时期的经营决策往往伴随着对市场的试探，并使其面临成本和风险的不断变化（刘建翠，吴滨，2021）。与真实的创业市场决策类似，沙漠掘金也要求各个参与掘金的"创业"团队，在资金和时间等资源受限的条件下做出决策。这不仅更要求学生增强临场决策的能力和速度，也要求其更深刻地理解自身决策与瞬息万变的市场之间的关系。因此，在决策时，各团队首先应对沙漠的气候、地势地形，以及团队内各个成员的综合素质和能力等内、外部制约因素进行综合分析和判断，形成初步的决策意向。下面提出几种决策意向以供参考。

（1）风险型策略：提前计划短距离路线，并根据预测的天气情况，携带一定的水和食物，以刚刚满足生存要求的条件到达大山进行黄金挖取，并以最快速度，在高生存风险的情况下返回大本营。

（2）稳妥型策略：力求稳健，购置齐备指南针、帐篷，尽量多地通过村庄。这种策略强调的是，在保证生存的前提下，尽可能攫取更多的黄金。

（3）混合型策略：准备充足的水、食物和装备，并按照计划路线行进。随着不同地形、天气的变化，以及水、食物和装备等资源的消耗，实时观察竞争团队的生存状况和行进进度，不断灵活调整行进路线，以便灵活应对竞争环境的变化。

3. 全面思考，避免决策盲区

沙漠掘金实验是对创业与竞争的模拟与浓缩，因此需要全面思考与决策相关的各种制约因素，避免决策盲区。

首先，穷举与决策相关的内部制约因素。例如，购物与负重计划、咨询信息计划、行进路线选择（是否以及何时穿越绿洲、村庄、皇陵等地）、掘金的天数、往返路线的一致性等各种战略行动的可能性组合。

其次，思考与决策相关的外部制约因素。例如，记录沿途遇到的各种天气状况并据此预测各类地形出现各类天气的概率、与其他掘金团队结盟的可能性、记录其他团队的进程和生存状况并予以参考等，这些都是影响团队成绩和排名的重要因素。

第 8 章

形成创业思路：商业计划书设计

本书旨在通过虚拟仿真实验的教学，启发学生的创业思维，提升学生的创业能力。回顾全书，第 1 章、第 2 章对创业基础理论和虚拟仿真进行了介绍，为后面章节开展虚拟仿真实验提供了理论基础和实验指导；第 3 章客户旅程虚拟仿真实验使学生掌握客户旅程的方法，从而能够高效地分析创业机会；第 4 章用户画像虚拟仿真实验使学生可以更好地针对不同类别用户进行营销及产品设计等活动，以更好地满足客户需求；第 5 章资源拼凑虚拟仿真实验让学生深刻理解资源拼凑，从而用好资源向客户提供服务；第 6 章产品设计虚拟仿真实验可以使学生少走弯路，达到快速推出让客户满意的产品的目的；第 7 章沙漠掘金虚拟仿真实验使学生在游戏中感知团队认知、团队协作和资源配置对结果的影响，从而深刻体会到制订计划、组织协作与行动控制对达成目标的重要性。通过对各个章节的学习，学生将在创业理论、创业思维和创业能力等各方面得到提升。接下来我们将整合知识体系并形成创业思路，而商业计划书正是能够全面、完整地展示创业项目的一种方式。

8.1　商业计划书的基本要求

商业计划书是一份全面说明创业构想以及如何实施创业构想的文件，是描述所要创立的企业是什么以及将成为什么的故事。商业计划书的三大作用包括：寻求外部投资；明确团队的组织目标；厘清业务、概念、近期目标和所提议的战略（姚晓芳，武朝晖，2000）。一份好的商业计划书不仅能够募集外部资金，还可以向潜在员工、现有员工、资助组织等传播和沟通企业的愿景和使命。

其中，寻求外部投资是商业计划书最明显的用途。在寻求外部投资时，投资者感兴趣的核心问题如表 8-1 所示。

表 8-1　外部投资的核心问题和对应实验

核 心 问 题	对 应 实 验
（1）新产品和服务的目标群体有哪些	用户画像虚拟仿真实验
（2）如何更好地满足客户需求，推出客户满意的产品	产品设计虚拟仿真实验
（3）在非常有限的资源条件下如何成功创业？商业计划如果是为了融资，那么需要多少资金，如何使用	资源拼凑虚拟仿真实验

这些问题不仅是寻求投资时需要回答的，更是创业者在创业过程中需要直接面对的。除寻求投资外，如何在市场竞争日趋激烈的环境中脱颖而出，如何提高企业的核心竞争力，实现更加长远的目标，都是创业者实现自己宏伟构想需要面临和解决的问题。首先要解决的问题就是识别目标群体，用户对于创业者而言是一个很笼统的概念，创业者不可能使一个产品满足所有人的需求，因此有效的市场划分和目标市场选择尤为重要。本书以电商公司为背景，通过用户画像虚拟仿真实验让学生对精准人群进行定向促销，降低流失率，锻炼和提升学生寻找目标市场的思维和能力。在如何让客户满意的问题上，本书以小米代表的互联网企业为背景，通过产品设计虚拟仿真实验让学生模拟制造企业制造台式电风扇，从而提高学生的产品设计能力。不同的虚拟仿真实验能给学生带来不同的收获，每个虚拟仿真实验都值得学生认真、重复、带着思考地学习。相信学生在每一次的实验中都有新的感悟和启发，在潜移默化中培养创新创业思维和提高创新创业能力。

除了回答好核心问题，掌握商业计划书的基本结构和基本形式也是创业者不可或缺的技能。商业计划书的基本结构包括封面页、目录表、摘要计划和附录部分。封面页主要展示公司名称和地址、主要联系人的姓名和联系方式；目录表应清晰地概括商业计划的各主要部分和框架结构；摘要计划则应清楚地列示标题并要易于识别；附录部分包括详细的财务计划、公司创建人和核心员工的完整简历等，附在正文后面，经常是分开单独装订。商业计划书有 Word 和 PPT 两种形式，由于投资机构收到的商业计划书数量较多，投资者分配给每份商业计划书的时间有限，所以建议第一次给投资人投递商业计划书使用 PPT 形式，因为 PPT 的图文排版具有更丰富的画面感和更强的感染力，更容易引起投资者的兴趣。计划书的页数一般为 20～30 页，但也不用刻意控制，重要的是将内容讲清楚。在内容方面可以用 4W2H 的方式展开，即 what、why now、how、who、why you、how much。第一部分 what，需要讲清楚你要做什么，突出你的聚焦点，不应追求大而广；第二部分 why now，展示行业背景和市场现状，表明你的计划是在正确的时间做正确的事；第三部分 how，是商业计划书的重点，主要描述该项目应该如何具体实施，包括研发、生产、市场、销售等方面，以及最终达成的效果；第四部分 who，介绍你的团队，包括团队的股份和人员的分工；第五部分 why you，需要告诉投资机构为何要选择你，即你的优势在哪里；第六部分 how much，是财务预测和融资计划，主要讲清楚前三年的财务情况和后三年的财务预测。同时在商业计划书的撰写上应该把握一个原则，即用投资者的视角来撰写商业计划书。商业计划书的核心用途是寻求外部投资，以投资者的视角来撰写商业计划书能更好地回答投资者感兴趣的问题，从而吸引投资者做出投资决策。

最后，创业过程是一个前路未知且充满风险的旅程，如茫茫大海上行驶的一艘帆船，撰写商业计划书虽然不能保证创业一定成功，但的确可以提高创业成功的概率。商业计划书像航海路上的一幅路线图，指引创业这艘帆船向正确的方向行驶，最后到达成功的彼岸。

8.2　创业管理学习价值

新时代下，随着"大众创业，万众创新"的蓬勃发展，"双创"理念日益深入人心，创业已成为全民关注的焦点，国家也出台了许多政策对创新创业进行支持。在创业理念的影响和政策的支持下，我国创业人数逐渐增多，但成功率却不容乐观，很多创业者在面对风云莫测的市场时往往准备不足，导致创业失败，其中的原因包括对创业理论的掌握不足。所以企业想要提高核心竞争力，实现可持续的发展目标，就必须学习有关创业的理论知识。目前，创业理论的学习也成为一个社会关注的热点。对于初创企业来说，不断学习理论知识和累积实践经验是至关重要的，这关乎企业未来的生存与发展，不论是企业的组织架构设计，还是公司的战略布局，都离不开科学的理论作为支撑（蔡晓珊，张耀辉，2011）。在创业过程中，不断地学习，汲取相应知识并将知识运用于实践中能够进一步帮助企业提高核心竞争力，实现公司发展的宏伟蓝图，也能帮助企业摸清发展方向和规划发展道路，促进企业在实践中不断成长与发展（董保宝，2014）。同时，创业理论的学习更能避免一些常规错误，以前车之鉴总结经验，能够极大地降低初创企业发展的试错成本，节约初创企业的时间成本和资金成本，增强企业迅速成长和持续生存的能力。在寻求外部投资时，科学合理的组织架构设计、产品独特的闪光点、营销方案等都能够吸引投资者的目光。而这些都需要创业理论知识来奠定基础，通过创业理论学习产生相应价值，获得对应能力，将资源转换成核心优势，进一步提升绩效。

创业理论使创业者能够在创业的过程中具体分析出现问题的原因，抓住本质，用所学理论知识解决问题；创业实践若不以创业理论为指南，就会变成盲目的实践。将创业理论学习和创业实践结合起来，更有助于创业的成功，同时也能够在社会层面为中国经济的发展注入新的动能，为推进高质量发展的整体进程贡献自己的一份力量。

参 考 文 献

[1] 蔡晓珊，张耀辉．创业理论研究：一个文献综述[J]．产经评论，2011（5）：55-66．

[2] 陈丕海，王海峰．基于峰终理论的服务体验式智能营销平台[J]．山东通信技术，2014，34（3）：29-33．

[3] 陈起俊，王艳艳．工程项目全生命周期费用管理的探讨[J]．工程设计与建设，2005，37（1）：1-3．

[4] 董保宝．创业研究在中国：回顾与展望[J]．外国经济与管理，2014，36（1）：73-80．

[5] 高广尚．用户画像构建方法研究综述[J]．数据分析与知识发现，2019，3（3）：25-35．

[6] 高文曦．基于商科多科融合的虚拟仿真实验教学平台建设探究[J]．中国现代教育装备，2022（17）：50-52．

[7] 高永强，何沂沛．计算机虚拟仿真实验教学平台建设与实践[J]．软件导刊，2022，21（8）：183-187．

[8] 谷奇峰，丁慧平．企业能力理论研究综述[J]．北京交通大学学报（社会科学版），2009，8（1）：17-22．

[9] 胡树华．国内外产品创新管理研究综述[J]．中国管理科学，1999，7（1）：65-76．

[10] 黄文彬，徐山川，吴家辉，等．移动用户画像构建研究[J]．现代情报，2016，36（10）：54-61．

[11] 贾文涛，李怡君．高校新文科虚拟仿真实验教学的创新路径[J]．中国高等教育，2022（3）：55-57．

[12] 贾艳梅，王军．浅析企业目标市场营销战略的步骤：STP战略三步骤[J]．现代商业，2013（21）：27．

[13] 李纯青，张洁丽，刘伟，等．数字化交互平台产品的客户体验旅程与投入关系[J]．心理科学进展，2022．30（11）：2424-2447．

[14] 李飞．全渠道客户旅程体验图：基于用户画像、客户体验图和客户旅程图的整合研究[J]．技术经济，2019，38（5）：46-56．

[15] 李燕捷，刘凤阁，王春儿．新商科虚拟仿真实验教学中心建设探索[J]．实验室研究与探索，2022，41（8）：182-185．

[16] 梁强，罗英光，谢舜龙．基于资源拼凑理论的创业资源价值实现研究与未来展望[J]．外国经济与管理，2013，35（5）：14-22．

[17] 刘海鸥，孙晶晶，苏妍嫄，等．国内外用户画像研究综述[J]．情报理论与实践，2018，

41（11）：155-160.

[18] 刘鸿恩，张列平．质量功能展开（QFD）理论与方法：研究进展综述[J]．系统工程，2000，18（2）：1-6.

[19] 刘建翠，吴滨．中国创业型企业初创时期创新效率研究[J]．经济与管理评论，2021，37（2）：150-160.

[20] 刘征宇．精准营销方法研究[J]．上海交通大学学报，2007（S1）：143-146.

[21] 陆艳．基于用户体验的移动端严肃游戏任务设计研究[J]．设计艺术研究，2021，11（6）：27-31.

[22] 罗昊，景云，周玮腾．基于 OBE 理念的国家虚拟仿真实验教学项目建设[J]．实验室科学，2022，25（1）：163-167.

[23] 马一鸣，BERNARD Y，FRANCOIS C，等．工业工程教育中的严肃游戏设计[J]．高等工程教育研究，2022（6）：80-85.

[24] 马永斌，郁雯珺．用户参与产品开发对外围消费者行为影响[J]．应用心理学，2022，28（4）：314-322.

[25] 宋美琦，陈烨，张瑞．用户画像研究述评[J]．情报科学，2019，37（4）：171-177.

[26] 王济军，訾阳．新文科理念下文科虚拟仿真实验教学中心建设路径与探索[J]．中国轻工教育，2022，25（1）：62-68.

[27] 王学东．体验式教学模式的构建与实施[J]．乐山师范学院学报，2009，24（6）：131-133.

[28] 王毅，毛义华，陈劲，等．新产品开发管理新范式：基于核心能力的平台方法[J]．科研管理，1999，20（5）：6-12.

[29] 王曰芬，章成志，张蓓蓓，等．数据清洗研究综述[J]．现代图书情报技术，2007（12）：50-56.

[30] 魏迎梅．严肃游戏在教育中的应用与挑战[J]．电化教育研究，2011（4）：88-90.

[31] 肖海平，付波华．体验式教学：素质教育的理想选择[J]．教育实践与研究，2004（1）：9-11.

[32] 许德音，周长辉．中国战略管理学研究现状评估[J]．管理世界，2004（5）：76-87.

[33] 亚春林．高校虚拟仿真实验教学的思考[J]．现代职业教育，2022（25）：40-42.

[34] 杨扬，刘圣，李宜威，等．大数据营销：综述与展望[J]．系统工程理论与实践，2020，40（8）：2150-2158.

[35] 姚晓芳，武朝晖．如何撰写商业计划书[J]．企业管理，2000（10）：41-42.

[36] 张金华，叶磊．体验式教学研究综述[J]．黑龙江高教研究，2010（6）：143-145.

[37] 张琳，席酉民，杨敏．资源基础理论60年：国外研究脉络与热点演变[J]．经济管理，2021，43（9）：189-208.

[38] 张敏，文福安，刘俊波．高质量虚拟仿真实验教学课程内涵和特征[J]．实验技术与管理，2022，39（3）：1-4.

[39] 张青，华志兵．资源编排理论及其研究进展述评[J]．经济管理，2020，42（9）：193-208.

[40] 赵武，张颖，石贵龙. 质量机能展开（QFD）研究综述[J]. 世界标准化与质量管理，2007（4）：56-61.

[41] 祝振铎，李新春. 新创企业成长战略：资源拼凑的研究综述与展望[J]. 外国经济与管理，2016，38（11）：71-82.

[42] GU H, WANG J, WANG Z, et al. Modeling of user portrait through social media[C]//2018 IEEE International Conferenceon Multimedia and Expo, July 23-27, 2018, IEEE Computer Society. San Diego, CA: IEEE, 2018: 1-6.

[43] KOZLENKOVA I V, SAMAHA S A, PALMATIER R W. Resource-based theory in marketing[J]. Journal of the Academy of Marketing Science, 2014, 42(1):1-21.

[44] LEMON K N, VERHOEF P C. Understanding customer experience throughout the customer journey[J]. Journal of Marketing, 2016, 80(6): 69-96.

[45] MEHRJERDI Y Z. Quality function deployment and its extensions[J]. International Journal of Quality & Reliability Management, 2010, 27(6/7): 616-640.

[46] PFEIFER M. Materials enabled designs[M]. Oxford: Butterworth-Heinemann, 2009.

[47] SIRMON D G, HITT M A, IRELAND R D, et al. Resource orchestration to create competitive advantage: breadth, depth, and life cycle effects[J]. Journal of Management, 2011, 37(5): 1390-1412.

[48] WESTERBERG W, SUBRAHMANIAN E. Product design[J]. Computers & Chemical Engineering, 2000, 24(2-7): 959-966.